ヘアアレンジで自分に自信を…♥

私、ゆみ。
向こうにいるのは親友の陽菜とその彼氏のゆうきくん。
陽菜はいつもオシャレでクラスの人気者。

私にも一応好きな人はいるんだけど…

なかなか話しかけられないんだよなあ…

ゆみ、どうしたの??

私も陽菜みたいにかわいかったら自信もって好きな人に話しかけられるのにな…

# もくじ

| | |
|---|---|
| マンガ ヘアアレンジで自分に自信を | 2 |
| アイテムの紹介 | 8 |
| 覚えておきたい基礎知識 | 10 |
| 顔型別オススメスタイル | 12 |
| 髪質別オススメスタイル | 14 |

## Part 1 定番王道ヘアアレンジ

| | |
|---|---|
| ひとつ結び | 16 |
| サイド結び | 18 |
| ふたつ結び | 20 |
| みつあみ | 22 |
| みつあみの応用1 表あみこみ | 24 |
| みつあみの応用2 裏あみこみ | 26 |
| ポニーテール | 28 |
| ハーフアップ | 30 |
| おだんご | 32 |
| 逆毛の作り方 | 34 |
| 前髪バリエーション | 36 |
| 前髪の切り方 | 38 |
| 前髪セット方法 | 40 |

# もくじ

## Part 2 スクールヘアアレンジ

- オールバックアレンジ …………… 44
- ツインだんご …………………… 46
- みつあみツイン ………………… 48
- くま耳だんご …………………… 50
- くるりんぱ ……………………… 52
- ねじりまとめヘア ……………… 54
- 耳下ゆるツイン ………………… 56
- フィッシュボーンツイン ……… 58
- あみこみスタイル ……………… 60
- 王道ハーフ ……………………… 62
- サイドあみこみヘア …………… 64
- 後れ毛いっぱいポニーテール … 66
- ねこ耳ヘア ……………………… 68
- 5分でできるイメチェンヘア … 70

## Part 3 イベントヘアアレンジ

- ショッピングヘア ……………… 74
- テーマパークヘア ……………… 76
- 女子会ヘア ……………………… 78
- お泊まり会ヘア ………………… 80
- お勉強ヘア ……………………… 82
- 新学期ヘア ……………………… 84
- 卒業式ヘア ……………………… 86
- 運動会ヘア ……………………… 88
- 学園祭ヘア ……………………… 90
- 遠足ヘア ………………………… 92
- スキー合宿ヘア ………………… 94
- 発表会ヘア（文化系） ………… 96
- 発表会ヘア（スポーツ系） …… 98
- お誕生日会ヘア ………………… 100
- ハロウィンヘア ………………… 102
- クリスマス会ヘア ……………… 104
- 結婚式ヘア ……………………… 106
- 夏まつりヘア …………………… 108
- 初詣ヘア ………………………… 110

## Part 4 小物ヘアアレンジ

ニット帽 ……………… 112
キャップ ……………… 114
ベレエ帽 ……………… 115
ヘアバンド …………… 116
カチューシャ ………… 118
ヘアクリップ ………… 120
シュシュ ……………… 122
リボン ………………… 124

## Part 5 ラブラブデートヘアアレンジ

いっしょに下校ヘア …… 126
塾の合宿ヘア …………… 128
プールデートヘア ……… 130
プリクラデートヘア …… 132
公園デートヘア ………… 134
試合観戦ヘア …………… 136
映画デートヘア ………… 138

## Part 6 もっと！オシャレっ子アレンジ

ミニクリップ盛りヘア …… 140
リボンおだんごヘア ……… 142
ヒロインヘア ……………… 144
ダブルみつあみヘア ……… 146
きれいな髪の保ち方 ……… 148
ヘアアイロンの使い方 …… 150
メイクレッスン …………… 152
ネイルレッスン …………… 154

Q&A ……………………… 156
アレンジ別INDEX ………… 158

7

# これだけはもっておきたい！
# アイテムの紹介

## ブラシ・コーム

### ブラシ
髪全体をととのえるのに使うよ。もつれた髪も、サラサラヘアに。

### ロールブラシ
ドライヤーをあてながら髪をカールさせるときに使うよ。

### コーム
前髪をととのえたり、もち手の先端部分でわけ目を作ったりするよ。

## ドライヤー・アイロン

### ドライヤー
髪を乾かすときに使うよ。マイナスイオンが出るタイプがオススメ。

### ストレートアイロン
くせのある髪をはさんで、のばせばまっすぐになるよ。

### ヘアアイロン
巻き髪にするときに使うよ。巻き方はP.150を見てね。

## 鏡

### 卓上ミラー
机の上に立たせて使うよ。顔がいっぱい映るような大きさのものを選ぼう。

### 手鏡
小さいから、カバンやポーチにしのばせてチェックできるよ。

## ヘアゴム

### ヘアゴム
髪の毛を結ぶときに使うよ。太いゴムと細いゴムをうまく使いわけようね。

### 飾り付きゴム
ゴムに、お花やリボンなどの飾りが付いているものだよ。

### シュシュ
ゴムの上から布をかぶせているよ。軽く結びたいときなどに活躍。

## ピン

### アメピン・Uピン
アメピンは髪をしっかり固定したいとき、Uピンはおだんごを固定するときに使うよ。

### 飾り付きピン
ピンの先や上に飾りが付いているもの。前髪や横髪をとめよう。

### ダッカール
仮どめしたり、毛束をはさんでおくときに使うよ。あともつかないから便利。

## その他

### バレッタ・クリップ
後ろにパッチンが付いているのがバレッタ。クリップははさむだけだよ。

### ホットカーラー
アイロンよりかんたんに髪を巻けるよ。あたためないタイプのものもあるよ。

### カチューシャなど
カチューシャやヘアバンドなど、頭にはめて飾るもの。一気に華やかスタイルに。

### ヘアアレンジをはじめる前に！
# 覚えておきたい基礎知識

**トップ**
頭のてっぺん周辺のことをいうよ。

**サイド**
左右の耳より前の横髪のことをいうよ。

**フロント・バング**
おでこにかかる髪のこと。前髪のことだね。

**もみあげ**
耳の前で垂れている髪のことだよ。

**フェイスライン**
顔周りのはえぎわのラインのことだよ。

**えりあし**
うなじのはえぎわの部分のことをいうよ。

## ヘアアレンジであったら便利なもの

### スタイリング効果のでるもの

せっかくアレンジしても、すぐくずれたりまとまりがなくなったりしたらだいなしに！ そうならないように、しっかりスタイリング剤を活用しよう！

スプレー / ワックス / ムース

**ワックス**
**手のひらでのばしてなじませる**
少量のワックスを取り、手のひらで色がなくなるまでのばす。毛先を中心にまんべんなく付けてね。

**スプレー**
**髪をガッチリ固めたいときに**
まとめ髪など、髪を固めたいときに、髪から15〜20cmくらい離してスプレーしよう。目に入らないように。

**ムース**
**立体感や動きを出したいときに**
手のひらにムースを出し、毛先を中心に握りながらもみほぐしていくよ。トップは付けなくてOK。

## どの角度も見える三面鏡

**前からだけでなく横姿もチェック**
ふつうの卓上ミラーでも大丈夫だけど、横からの姿もすばやくチェックできる三面鏡があると、自分が回転しなくていいから便利だよ。

# あなたの顔は何タイプ？
# 顔型別オススメスタイル

### 丸顔タイプ

**ほっぺがふっくらしていて あごのラインが丸いのが特徴だよ。**

トップにふんわりと高さを出して、サイドの髪でほっぺのラインを隠してね。
ふっくらしたあごのラインを横髪で隠せば、小顔に見える効果があるよ。

耳を出すと、顔が大きく見えるから気を付けてね。前髪は重くならないように。

### たまご顔タイプ

**細長く、おとなっぽい顔立ちで 丸顔ほどではないけれど、丸みがあるよ。**

横髪をふんわりさせてボリュームを出して。おとなっぽいから片方の耳を出して◎。
たてに長い顔を隠すために、前髪はおろしておくのがベストだよ。ショートヘアでもOK。

顔が長く見えてしまうので、トップはボリュームをおさえて。前髪はあげないように。

### 四角＆ベース顔タイプ

**ほお骨がはっていて、全体的に平べったいイメージだよ。**

顔周りのラインを隠すようなヘア。首周りはすっきりさせた方がいいよ。
前髪をおろしているとほお骨のはりが目立ってしまうので気を付けようね。

**NG**
重みのある直線カット。
角が目立つようなヘアはなるべく避けよう。

### 逆三角形顔タイプ

**あごのラインがシャープでとんがっているのが特徴だよ。**

あごのラインには髪を添えてボリュームを出そう。前髪は軽くなりすぎないように。
ストレートヘアの人はなるべくボリュームのでるヘアアレンジを心がけてね。

**NG**
トップにボリュームがないと、横長の顔に見えてしまうよ。顔周りの髪も短すぎないように。

# 気になる髪の悩みを解決！
# 髪質別オススメスタイル

### 硬い髪の人

## くせがつきにくく、しっかりした髪

1本1本が太くてしっかりしているね。巻き髪などもくせがつきにくく、頑固な髪が多いね。髪の量も多く、重いイメージだよ。

### ショート
量が多いと顔が大きく見えてしまう可能性があるので、ベリーショートも似合うよ。

### ミディアム
毛先を重くしたボブスタイルがオススメ。暗く見えないように前髪は短めにしよう。

### ロング
髪が長くなればなるほど重くなってしまうので、毛先を軽くしたヘアスタイルにしよう。

### ストレートヘアの人

## みんなから理想とされるサラサラヘア

髪にツヤもあり、まっすぐなのでととのいやすいとみんなからうらやましがられる髪型。サラサラすぎてゴムやピンでとまらないことも。

### ショート
ボリュームがなくてさみしいので、毛先をカールしたり、くせ付けするといいね。

### ミディアム
ストレートヘアをいかしたボブにしてみよう。クールなイメージになるよ。

### ロング
サラサラストレートに憧れる人はとっても多いよ。毛先まで重みを出してもOK。

## くせ毛の人

### 自由に動きまわるくせっ毛さん

外にはねたり、うねったりカールしたりと、自由に動く髪。くせをいかしたヘアスタイルを見つけることが大事だよ！

**ショート**
短いとボワっと髪が広がってしまうので、思いきってベリーショートにしてみて。

**ミディアム**
肩にかかるくらいの中途半端な長さが一番大変。くせをいかした無造作風にしてみて。

**ロング**
長くなればなるほど重さが気になってくるので、毛先は量を減らして軽めに。

## 猫っ毛の人

### 1本1本が柔らかくて細い猫っ毛

触り心地も良く、髪もとてもきれいに見えるのが特徴。必ずストレートという訳でもなく、ウェーブの猫っ毛さんもいるよ。

**ショート**
トップがペタンコになってしまうから、毛先は軽く内巻きにするのがオススメ。

**ミディアム**
前髪は作らず、後ろと合わせてゆるふわ感を出して。毛先は内巻きになるように。

**ロング**
トップの髪が長すぎると、ボリュームがさらになくなってしまうので注意してね！

まずは基本をマスター！

## 定番王道ヘアアレンジ ひとつ結び

ショート / ミディアム / ロング
Level ★☆☆

### 1 ブラシで髪の毛をきれいにとかす

ヘアアレンジをする前に、必ず髪の毛全体をブラッシングすることが大切。髪の毛の根元から毛先まで、きれいにブラシが通るようにしておこうね。

**使用アイテム**
- ブラシ
- アメピン
- ヘアゴム

**ポイント**
髪の毛をまとめる前に、きき手の手首にゴムを通しておくとスムーズだよ。

**NG**
強く引っぱりすぎると頭が痛くなるから注意してね。

### 2 髪の毛をひとつにまとめる

両手で髪の毛全体を頭の後ろに集め、きき手と反対の手でつかむ。きき手でブラシをもち、根元から髪をとかしてひとつにまとめる。

### 3 髪の毛にゴムを通して結ぶ

ブラシを置き、きき手に通しておいたゴムで髪の毛を結ぶよ。1回通すごとに、ゴムを8の字にねじりながら通せなくなるまで何度もくりかえしてね。

### ④ 両手で毛先を引っぱり結び目を固定する

結んだ髪の毛を半分にわけ、両手でもって同時に左右に引っぱるよ。そうすれば、結び目がしっかり固定されるよ。

### ⑤ アメピンで後れ毛をとめる

髪の毛が短い人は、結び目から後れ毛が落ちないようにアメピンで髪の毛をとめておくと、きれいに保てるよ。

Part 1 定番王道ヘアアレンジ

**できあがり**

ひとつ結びができるようになれば、いろんなアレンジが楽しめるようになるよ！　何度も挑戦してみてね。

よこ

## 横結びでガーリーなお姉さんスタイル♪

# 定番王道ヘアアレンジ サイド結び

ショート
ミディアム
ロング
Level ★☆☆

### ① 髪全体を8:2にわける

きき手でコームをもち、髪全体が8:2になるようにわけ目を作る。

**ポイント**

わけ目の向きは前髪とそろえるといいよ。しっくりくる方を選んでね。

### 使用アイテム

ブラシ　コーム

ヘアゴム

### ② ブラシで髪をとかす

あらかじめきき手の手首にゴムを通し、髪全体をブラッシングする。P.16の**1**と同じだよ。

### ③ 髪を耳元にまとめる

両手で髪をつかんで片方の耳元にひとつにまとめる。きき手と反対の手でブラシをもって髪をととのえるよ。

# ふたつ結び

かわいさ全開のツインテール

### ① コームで髪の毛を半分にわける

髪の毛全体をブラッシングし、きき手の手首にゴムを2本通してコームをもつ。柄の先をわけ目にあて、頭のてっぺんから後ろまでを半分にわけるよ。

### ② 片方の束をつかんできれいにまとめる

半分にわけた一方の束をダッカールでとめ、もう片方の束をコームでとかしながらまとめて結ぶ位置を決めるよ。

### ③ 髪の毛にゴムを通して片方を結ぶ

結ぶ位置を決めたら、手首に付けておいたヘアゴムで結んでいくよ。結び方はP.16の3と同じだよ。

**ポイント**

高さはもちろん、結ぶ角度もそろえるように心がけてね。

**⑤ 全体をととのえる**

P.17の4と同じように毛先を引っぱって結び目を固定させたら、結んだ髪をコームでとかして全体をととのえよう。

**④ もう一方も同じように結ぶ**

反対側を結ぶ。とめていたダッカールをはずし、3と同じ高さになるように結ぶよ。

**できあがり**

結ぶ高さが高くなればなるほど元気系、低くなればなるほどいやし系に変身！高さを変えてチャレンジしてみてね。

Part 1 定番王道ヘアアレンジ

# 定番王道ヘアアレンジ

アレンジ方法たくさん！

## みつあみ

ミディアム / ロング
Level ★☆☆

### 使用アイテム

ブラシ　コーム

ヘアゴム
ダッカール

### 1 髪をふたつにわける
髪全体をブラッシングし、中央でふたつにわけてダッカールでとめる。

### 2 毛束を3等分する
片方のダッカールをはずし、両手を使って髪を均等に3等分する。

### 3 ❷に❸を重ねる
3等分した髪の❷に❸を重ねて交差させる。

### 4 上から❶を重ねる
❸の上から❶を重ねて交差させる。

## ❺ ❶の上から❷を重ねる

❶の上から❷を重ねて交差させる。

### ポイント

❷できちんと3等分できているとあみ目がきれいにしあがるよ。

## ❻ あみ進める

3〜5をくりかえして毛先まであんでいく。

## ❼ ゴムを結ぶ

毛先まであめたらゴムを結ぶ。反対側も同じようにあむ。

### できあがり

しっかりした優等生女子の完成だよ!

Part 1 定番王道ヘアアレンジ

# みつあみの応用1
# 表あみこみ

ショート
ミディアム
ロング
Level ★★☆

## 使用アイテム
ブラシ
ヘアゴム

### 1 あみたい髪を3等分にする

髪全体をブラッシングし、あみこみたい髪の毛をつかむ。両手を使って根元から均等に3つにわけるよ。

### 2 みつあみで1回あむ

最初はふつうにみつあみをするよ。❷を一番下にして残し、❶の上から❸を交差させる。

### 3 ❸の上に❷を重ねる

❸の上から、一番下に残しておいた❷の束を重ねる。

### ④ 下の髪の毛をあわせて いっしょにあむ

②の束を③と交差させるとき、②の下の髪（④）を同じ分量すくい、②といっしょにあむ。次も同じように③の下の髪（⑤）をすくいながらあむよ。

### ⑤ ④をくりかえして あみ進める

交差させてあむときに、必ず下の髪をすくいながらあみ進めていくよ。そうすると、地肌に沿うようにあみこみができていくよ。

Part 1 定番王道ヘアアレンジ

### ⑥ 耳の下までいったら みつあみにもどる

あみ進めていき、すくう下の髪がなくなってきたら、ふつうのみつあみにもどるよ。毛先までみつあみして細いゴムで結ぶ。

できあがり

飾り付きゴムを付ければ オシャレにしあがるよ！

## 定番王道ヘアアレンジ

外へ外へとあんでいく

# みつあみの応用2
# 裏あみこみ

ショート
ミディアム
ロング

Level ★★☆

### 使用アイテム

ブラシ

ヘアゴム

### 1 あみたい髪を3等分にする

髪全体をブラッシングし、あみこみたい髪の毛をつかむ。両手を使って根元から均等に3つにわけるよ。

### 2 裏みつあみをしていく

❷を一番上に出し、❸の束の上から交差させる。

### ポイント

3つにわけた外側の毛束を上に上に交差させてあんでいくのがみつあみ。それに対し、外側の毛束を下に下に交差させていくあみ方のことを裏みつあみと呼ぶよ。

### 3 ❸の下に❶を重ねる

❸の下から、❶の束を重ねて交差させる。

26

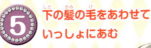

## ⑤ 下の髪の毛をあわせて いっしょにあむ

❷の束を❶の下に交差させるとき、❷の下の髪（❹）を同じ分量すくい、❷といっしょにくぐらせる。

## ⑥ 同じように下の髪の毛をすくう

❶の束を❷の束に交差させるとき、❶の下の髪（❺）を同じ分量すくい、❶といっしょに下にくぐらせるよ。

## ⑦ 耳の下までいったら裏みつあみをする

あみ進めていき、すくう下の髪がなくなってきたら、裏みつあみをしていく。毛先まであんだら細いゴムで結ぶ。

### できあがり

最初はちょっと難しいかもしれないけれど練習すればかんたんにできるよ！

Part 1 定番王道ヘアアレンジ

## 定番王道ヘアアレンジ

### 高い位置のひとつ結び！
# ポニーテール

ショート / ミディアム / ロング
Level ★☆☆

### 使用アイテム
- ブラシ
- コーム
- ヘアゴム
- アメピン

### 1 ブラシで髪の毛をとかす

あらかじめきき手の手首にゴムを通し、髪全体をブラッシングする。P.16の **1** と同じだよ。

### 2 高い位置で髪をまとめる

両手で髪をつかんで、後頭部の高い位置でひとつにまとめる。ある程度まとまったらきき手でブラシをもち、ととのえるよ。

### 3 ひとつ結びをする

まとめた位置に、きき手の手首に通しておいたゴムでP.16の **3** と同じようにひとつ結びをする。

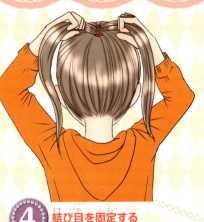

## 5 コームで後れ毛をととのえる

きき手でコームをもち、髪の毛の根元から結び目に向かってといてととのえるよ。

**Part 1** 定番王道ヘアアレンジ

## 4 結び目を固定する

結んだ髪の毛を半分にわけ、両手でもって同時に引っぱって結び目を固定するよ。

## 6 アメピンでとめて全体をととのえる

後れ毛が出てきそうなところをアメピンでとめて全体をきれいにととのえる。

### できあがり

上から飾り付きゴムを付けたらかわいくしあがるよ！

うしろ

## 定番王道ヘアアレンジ

ちょっぴりお嬢様風♪

# ハーフアップ

ショート
ミディアム
ロング
**Level**
★☆☆

### 使用アイテム

ブラシ　コーム
ヘアゴム

### ① ブラシで髪の毛をとかす

あらかじめきき手の手首にゴムを通し、髪全体をブラッシングする。P.16の １ と同じだよ。

### ② トップの髪を束ねてとかす

髪の毛を耳から上と下にわけ、きき手と反対の手でトップの髪をつかみ、きき手でブラシをもってトップの髪をとかす。

### ③ サイドの髪をとかしてまとめる

トップの次は、サイドの髪の毛もとかしながら髪の毛を耳よりも少し上の位置に集めるよ。

### ポイント
ヘアゴムを付けた上から、飾り付きのゴムで結ぶとかわいさアップ！

### ④ まとめた髪の毛にゴムを通して結ぶ
ブラシを置き、きき手に通しておいたゴムで髪の毛を結ぶよ。毛束を半分にわけて引っぱって、結び目を固定するのを忘れないでね。

### ⑤ 髪の毛全体をととのえる
コームできれいに髪をとかし、おろした分の髪の毛を少しだけ肩より前にもっていくよ。

### できあがり
結ぶ髪の毛の量を調節して、いろいろアレンジしてみるのも楽しいよ。

うしろ

Part 1 定番王道ヘアアレンジ

# 定番王道ヘアアレンジ

一気におしゃれに見えるカンタンテク！

## おだんご

- ショート
- ミディアム
- ロング
- Level ★☆☆

### 使用アイテム
ブラシ　アメピン　Uピン

### 1 髪の毛を高い位置でまとめる

きき手の手首にゴムを通し、きれいに髪の毛全体をブラッシングしてから、髪の毛を束ねて結ぶ位置を決めるよ。なるべく頭の高い位置でまとめようね。

### ポイント

髪を結んでいるときに位置が低くなってこないようにがんばろうね。

### 2 ブラシで髪の毛を寄せ集める

束ねた髪の毛をきき手と反対の手でもち、きき手でブラシをもつ。根元から毛先に向かってとかして髪を寄せ集めていくよ。

### 3 髪の毛を結んで位置を固定させる

ブラシを置き、髪の毛を結ぶよ。結んだら毛束を半分にわけ、左右に引っぱって固定させるよ。

きつく巻き付けてしまうとおだんごが小さくなってかわいく見えないよ。

### ④ 毛束を結び目に巻き付ける

きき手で毛束をもち、結び目にゆるく巻き付けていくよ。おだんごの部分がくずれないように、反対の手でおさえながらやろう。

### ⑤ アメピンで毛先を固定する

最後まで巻き付けたら、毛先をアメピンでとめるよ。おだんごの中にアメピンを隠したら、形をきれいにととのえてね。

Part 1 定番王道ヘアアレンジ

### ⑥ Uピンでおだんごを固定する

アメピンで毛先を固定したら、次はUピンでおだんごの形をきれいに固定するよ。くずれて欲しくない場所にうまくUピンをさしてね。

横髪を残したり、わざと後れ毛を出したりするだけで全然ちがうしあがりになるよ。

よこ

# 定番王道ヘアアレンジ

## 髪の毛にボリュームが出せる！
## 逆毛の作り方

ショート / ミディアム / ロング

Level ★☆☆

### 使用アイテム
コーム

### 1 トップの髪の毛をもちあげる
ボリュームを出したいトップの髪の毛をきき手と反対の手でつかみ、上にもちあげるよ。

### 2 コームを使って髪の毛をしごく
きき手でコームをもち、もちあげた髪の毛の毛先から根元に向かって何度もしごいていくよ。

### 3 髪をおろして全体をととのえる
つかんでいた髪の毛をおろし、コームを使いながら全体をととのえるよ。

### できあがり
髪の毛がぺったんこになっちゃう人にオススメのかんたんアレンジだよ！

# ミディアム・ロングで使える逆毛アレンジ

### ポニーテールの逆毛アレンジ

ポニーテールを作ったら、きき手と反対の手で毛束をつかみ、きき手の指先で毛先をつまんで根元に向かってしごいていくよ。コームでやってもOK。

**できあがり**

ふつうのポニーテールより、ふんわりしたしあがりになるよ！

### ツインテールの逆毛アレンジ

ポニーテールのときと同じように、きき手と反対の手で毛先をおさえながら、きき手で毛先から根元へかけてしごいていくよ。

**できあがり**

ちょっとの工夫で手の込んだツインテールのできあがり！

Part 1 定番王道ヘアアレンジ

## 定番王道ヘアアレンジ

### 前髪がかわれば雰囲気もかわる！
# 前髪バリエーション

**重めパッツン**

ちょうど目とまゆ毛の間の長さになるようにパッツンにする。小顔効果も！

**ギザギザストレート**

一度パッツンにしてから、たてにハサミを入れて髪の毛をすいていくよ。

**くるりん巻き髪**

目にかかるくらいのびた前髪を、カーラーでくるんとひと巻きするよ。

**シースルーバング**

両端が長く、真ん中が短い山の形になる切り方だよ。オシャレ度アップ！

36

### ちょこっとななめわけ

パッツンと見せかけて、少しだけまゆ毛を見せる王道モテ前髪だよ。

### ギザギザななめ流し

左右どちらかにわけてから、毛先にワックスをつけて小さな山を作るよ。

### センターわけ

一気に落ち着いて見えるので、おとなっぽく見せたいときに。

### かきあげ風ロング

髪の毛をちょうどかきあげたときの無造作な感じがかわいい！

### ななめわけ

右か左か、どちらかに流れるようにわけるよ。自分の好きな向きを決めてね。

### まゆ上パッツン

まゆ毛よりさらに上のパッツン。ちょっと勇気がいるけど元気な印象を与えるよ。

Part 1 定番王道ヘアアレンジ

# 前髪の切り方

定番王道ヘアアレンジ

自分でカットできるようになりたい！

## 準備すること

コームとカット専用のハサミを用意するよ。洗面所やお風呂など、大きい鏡の前で切ろう。洗面所の場合は、切った髪が衣服に付かないように、ケープをかぶろう。ケープがない場合はタオルを巻くだけでも大丈夫だよ。自信がない人はお母さんにやってもらおうね。

### ポイント

★ 前髪は乾いた状態で切ろう。
★ 切るときは下を向かないようにしよう。
★ ハサミの取り扱いには十分に注意しよう。

 **横髪をとめる**

カットしたい前髪を残して、横髪をダッカールでとめて、切らないようによけておくよ。

 **前髪をととのえる**

きき手でコームをもち、前髪をきれいにとかしてととのえるよ。

### ③ ハサミを横に入れて切る

カットしたい長さより少し長めのところにハサミを通し、まっすぐ切り進めていくよ。

Part 1 定番王道ヘアアレンジ

### ④ 量をととのえる

ハサミをたてにして、刃先を使って毛先を切っていくよ。重めにしたいときは飛ばしてもOK。

### ⑤ はみ出た髪をととのえる

コームで前髪をとかし、はみ出ている髪を切って全体をととのえるよ。

前髪はすぐのびちゃうから、自分でカットできたらとっても楽だよ！

かわいいカールが作れる！

## 定番王道ヘアアレンジ 前髪セット方法

### カーラー

**1 前髪をつかんでカーラーをあてる**
前髪をつかんで上にもちあげるよ。反対の手でカーラーを前髪の根元にあてるよ。

**2 カーラーに前髪を巻き付ける**
根元から毛先に向かってカーラーを巻き付けるよ。カールするまで1〜2分待ってね。

**できあがり**
カーラーをはずしてコームでとかせば、自然なカールのできあがり。

## ロールブラシ

 **ロールブラシに前髪を巻き付ける**

片手でロールブラシをもち、前髪の内側からぐるぐると前髪を巻きこんでいき、反対の手でドライヤーをあてる。

Part 1 定番王道ヘアアレンジ

 **表面を巻きながらあたためる**

全体が巻き終わったら、表面の髪だけをロールブラシで巻き付けてあたためる。

自然にカールさせたり、大げさに巻き付けたり、自分で巻き加減を調節できるよ！

## 定番王道ヘアアレンジ
### 切りすぎた前髪はどうしたらいい？
# 前髪セット方法

### 前髪を切りすぎちゃった！

自分で前髪を切ってみたけど、失敗してガタガタになってしまった！　そんなときに使える応急処置の方法を伝授するよ。

**その1**

**後ろの髪を前にもってくる**

髪全体を8:2にわけ、後ろの髪を前髪に混ぜこんでななめわけにするよ。

**その2**

**カチューシャで前髪をあげる**

カチューシャを使って下から一気に前髪を上にあげてセットするよ。

### その3

**帽子の中に入れこむ**

帽子の中にまとめて入れこんでしまうよ。むれるから真夏以外にしようね。

### その4

**両サイドをピンでとめる**

ピンで両サイドをとめるよ。目立つように、カラーピンがオススメ。

### その5

**横わけにしてとめる**

前髪を9:1くらいにわけて、ふんわりウェーブを付けてピンでとめるよ。

Part 1 定番王道ヘアアレンジ

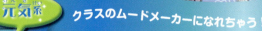

## スクールヘアアレンジ
### 元気系
クラスのムードメーカーになれちゃう！

# オールバックアレンジ

| 前髪ちょんまげ |
|---|

ショート / ミディアム / ロング
Level ★☆☆

### 使用アイテム

ブラシ　コーム

ヘアゴム

**1 前髪をゴムで結ぶ**

髪全体をブラッシングし、コームで前髪を上に向かってとかしてから、おでこのてっぺんでゴムを結ぶよ。

**2 飾り付きゴムを付けて結び目を固定する**

上から飾り付きゴムで結ぶ。飾りが前にくるようにして結んだら毛先を引っぱって結び目を固定させるよ。

**できあがり**

いたずらっぽい無邪気な女の子のできあがり！

# ポニーテール

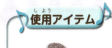
使用アイテム

ブラシ

ヘアゴム

Part 2
スクールヘアアレンジ

### 1 髪全体をひとつにまとめる

髪全体をとかしながら、ひとまとめにする。前髪も上にあげてね。

### 2 後れ毛をきれいにととのえる

高めの位置にひとつ結びして、ブラシで後れ毛をきれいにあげる。髪が短い人は、アメピンをとめると安心。

できあがり

最後のしあげでカチューシャを付けておくと、前髪が落ちてくる心配がないからオススメだよ！

45

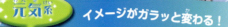

## スクールヘアアレンジ

元気系

イメージがガラッと変わる！

# ツインだんご

ショート
ミディアム
ロング
Level ★★☆

### 使用アイテム

ブラシ　コーム

ヘアゴム

シュシュ

### ① 高い位置で髪を結ぶ

髪全体を半分にわけ、片方の束をつかんで耳より高い位置で結ぶよ。

### ② コームで逆毛を立てる

毛束の毛先から結び目に向かってコームで逆毛を立てる。

### ③ おだんごを作る

逆毛を立てた毛束をつかんで丸めこみ、新しいヘアゴムで上からもう1度結ぶよ。

46

## シュシュで飾る

きき手にシュシュを通し、3で作ったおだんごにかぶせるようにしてはめる。

シュシュはきつく結びすぎないように。1重でかぶせるだけでOK。

## 5 反対もおだんごを作る

もう片方の髪も、同じ高さで結んでおだんごを作るよ。

Part 2 スクールヘアアレンジ

**よこ**

**できあがり**

シュシュの代わりに飾り付きゴムにしてもかわいいよ！

## スクールヘアアレンジ 〔元気系〕 みつあみツイン

大きなあみ目がポイント！

ショート / ミディアム / ロング
Level ★★☆

### 1 コームで髪の毛を半分にわける

P.20の1と同じように、コームの柄の先を使ってトップからうなじまでまっすぐに髪の毛を半分にわけるよ。

### 使用アイテム

- ブラシ
- コーム
- ヘアゴム
- ダッカール

### 2 片方の束を高めの位置で結ぶ

半分にわけた束の片方を、耳より高い位置でまとめて結ぶ。このとき、もう片方はダッカールでとめておこう。

### 3 同じ高さでふたつ結びにする

左右が同じ高さになるように反対側も結ぼう。

ショート
ミディアム
ロング
Level
★★☆

## ① 耳上の髪を結ぶ

耳上の髪をつかんで、くまの耳の位置になるように結ぶ。

### 使用アイテム

- ブラシ
- ヘアゴム
- アメピン

## ② 反対側も結ぶ

左右の位置が同じになるように反対側も結ぶ。

## ③ 毛束をねじる

結んだ毛束を半分にわけて、内側に向かってねじっていく。

### ④ ねじった髪を巻き付ける

3でねじった髪を結び目にくるっときつく巻き付ける。

**ポイント**

あまりおだんごが大きくならないようにするとうまくできるよ。

### ⑤ 毛先をとめて固定する

巻き付けた髪の毛先が手前にくるようにして、アメピンでとめる。

### ⑥ アメピンで飾りを付ける

5でとめたアメピンの上から、もう1本アメピンを重ねてバッテンを作り、飾りを付ける。

よこ

**できあがり**

しあげのアメピンはカラフルなものを使うとかわいいよ。

Part 2 スクールヘアアレンジ

# くるりんぱ

スクールヘアアレンジ / ゆるかわ系 / かんたんなのにこなれて見える！

- ショート
- ミディアム
- ロング

Level ★★☆

## ① 両サイドの横髪をつかむ

両サイドの耳周りの髪の毛をつかむ。

### 使用アイテム

ブラシ

ヘアゴム

## ② 中央でひとつに結ぶ

①でつかんだ髪を後頭部中央に集めて、ゆるくひとつ結びにする。

## ③ 毛先を巻いてすき間に通し入れる

結び目の中に指を入れてすき間を作る。そこに毛束の毛先を上からくるっと差しこむ。

## ④ 下の髪をつかんで ひとつ結びをする

3で結んだ毛先を引っぱって結び目を固定し、さらに残りの髪をつかんで2と同じように中央で結ぶ。

## ⑤ 2つ目も くるりんぱする

2つ目も同じようにくるりんぱをして毛先を引っぱって、結び目を固定する。

## ⑥ 残りの髪を 全てまとめる

5の結び目のすぐ下で、髪全てをまとめてひとつ結びする。

### できあがり

6の結び目にリボンのバレッタを付ければオシャレ度アップ！

うしろ

Part 2 スクールヘアアレンジ

### ポイント

横髪は、少し後れ毛を残しておくとかわいくしあがるよ。

### ④ 横髪をねじって後ろでとめる

残しておいた横髪を外側にねじりながら後ろにもっていく。3で作ったおだんごに隠れるようにアメピンでとめる。

### ⑤ トップをつまんでゆるさを出す

反対側の横髪もねじってまとめたら、トップの髪を指先でつまんでほぐし、ボリュームを出そう。

Part 2 スクールヘアアレンジ

### できあがり

ねじりまとめヘアでクラスの人気者になれちゃうよ♪

## スクールヘアアレンジ 清楚系

かわいい妹系ツインテール♪

# 耳下ゆるツイン

ショート / ミディアム / ロング
Level ★★☆

### ① 片方の毛束を結ぶ

髪全体を半分にわけ、耳の下あたりでゆるめに片方の毛束を結ぶ。

### 使用アイテム

ブラシ　コーム

ヘアゴム

アメピン

### ② トップをゆるめる

結び目の上のトップ部分を、片方の手の指でつまみ出してゆるくほぐす。

### NG

髪を引っぱりすぎちゃうとボサボサに見えてしまうので注意してね。

### ③ 毛束をわける

結んだ毛束の中からひとつまみ分の髪を取りわける。

56

## ④ 結び目に髪の毛を巻く

とりわけた毛束を結び目のゴムの上に巻き付ける。

## ⑤ ピンでとめて固定する

毛先まで巻き付けたら、片手で毛先をおさえながらもう片方の手でアメピンをとめて固定する。

## ⑥ 反対側も同じように結ぶ

アメピンで固定したら片方のできあがり。もう片方も同じように結ぶ。

Part 2 スクールヘアアレンジ

うしろ

### できあがり

ゆるかわツインスタイルのできあがりだよ♪

## スクールヘアアレンジ　清楚系
### みつあみにひと手間加えたアレンジ
# フィッシュボーン ツイン

ショート
ミディアム
ロング
Level ★★☆

### ① 髪の毛を半分にわける

指先でトップからうなじまでざっくりと髪の毛を半分にわけるよ。片方の束をダッカールでとめておこう。

**使用アイテム**
 ブラシ
 ダッカール
 ヘアゴム

**ポイント**

毛束をすくうときは、それぞれひとさし指を使ってするとやりやすいよ。

### ② フィッシュボーンをあみはじめる

束をふたつにわけるよ。それぞれの束の外側の毛を少量すくい（❶と❸）、❶の毛束を❹の上に重ねる。

### ③ ❷の上に❸を重ねる

❷と同様に❸の毛束を❷の上に重ねる。❷と❹の毛束からまた少量の毛をすくうよ。

### ④ くりかえしあみ進める

2～3をくりかえしてあみ進めるよ。すくう毛束は少ない方ができあがりがきれいだよ。

### ⑤ ゴムでとめる

毛先まであめたら細いゴムで結ぶよ。もう片方の毛束も同じようにあもう。

### ⑥ あみ目を指先でゆるめる

両方ともあみ終えたら、髪を押さえながらあみ目をつまんで引っぱり出すよ。上の方にボリュームを出すようにね。

Part 2 スクールヘアアレンジ

### できあがり

みつあみよりも今風でオシャレなアレンジのできあがり♪

よこ

# あみこみスタイル

ゆるかわ系
子どもっぽくなりすぎなくてオシャレ！

スクールヘアアレンジ

ショート / ミディアム / ロング
Level ★★☆

## 裏あみこみサイド結び

使用アイテム
 ブラシ
 ヘアゴム

### ① 横髪を裏あみこみする

片サイドの横髪をつかみ、耳の横を沿うように裏あみこみをして、耳の高さまであんだらゴムで結ぶよ。

### ② おろしている髪をひとつにまとめる

おろしている残りの髪の毛をサイドにひとつにまとめ、裏あみこみの結び目の上から結ぶ。

 できあがり

飾り付きゴムを上から結んでできあがり！

# 表あみこみハーフ

使用アイテム
- ブラシ
- ヘアゴム
- クリップ

Part 2 スクールヘアアレンジ

### ① トップの髪をまとめる
前髪以外のトップの髪を両手でまとめるよ。

### ② ゆるく表あみこみをする
①でつかんだトップの髪で表あみこみしていくよ。ゆるくあみこんでね。

### ③ クリップでとめる
耳の高さまで表あみこみをしたらゴムで結び、上からクリップでざっくりととめるよ。

できあがり

ゆる〜いあみこみハーフのできあがり！

## スクールヘアアレンジ
### 清楚系 — 上品なお嬢様スタイル
# 王道ハーフ

## くるりんぱハーフ

ショート / ミディアム / ロング
Level ★★

### 使用アイテム
 ブラシ
 ヘアゴム

### 1 耳上の髪をまとめる
耳上の髪をまとめて中央でゴムでゆるめに結ぶ。

### 2 毛先をもってくるりんぱする
結んだ毛先をきき手と反対の手でつかみ、結び目にすき間をあけて間に通す。

### 3 毛先を左右に引っぱる
くるりんぱした毛先を両手で左右に引っぱって、結び目を固定させる。

 できあがり
ショートからロングまで、どんな長さでも挑戦することができるよ！

## ねじりハーフ

ショート / ミディアム / ロング
Level ★☆☆

### 使用アイテム
- ブラシ
- アメピン
- ダッカール

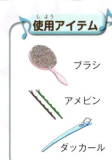

Part 2 スクールヘアアレンジ

### ① 前髪を半分にわける

前髪を真ん中で半分にわける。片側はダッカールでとめ、もう片側は耳の前の横髪といっしょにつかむ。

### ② つかんだ髪を2〜3回ねじる

つかんだ髪を耳の高さくらいのところで2〜3回、内向きにねじる。

### ③ ねじった髪をピンでとめる

ねじった髪を耳の上までもっていき、アメピンでとめて固定する。

### できあがり

反対側も同じようにねじってアメピンでとめれば完成！

## スクールヘアアレンジ

### 清楚系
まとめて横であみこんじゃう！

# サイドあみこみヘア

ショート / ミディアム / ロング
Level ★★☆

### 使用アイテム
- ブラシ
- アメピン
- ヘアゴム

### ① サイドにまとめた髪をねじっていく

髪全体をサイドにまとめ、髪がない方の横髪の束を内側にねじっていくよ。

### NG
アメピンがゆるくて落ちてこないように注意してね。

### ② アメピンでとめて固定する

真ん中までねじったら、アメピンでとめて固定させるよ。

### ③ トップから表あみこみしていく

トップの髪の毛から後ろ髪を拾いながら少しずつ広げて髪全体を表あみこみしていくよ。髪を拾うときは多めの量をすくうといいよ。

### ④ 最後はみつあみをする

全体をあみこんで、これ以上あみこむ髪の毛がなくなったらみつあみをしていくよ。

### ⑤ 指先であみ目をほぐしていく

毛先をゴムで結んだら、指先を使ってあみ目をほぐしながらゆるめていくよ。

### ⑥ 飾り付きゴムを付ける

あみ目がほぐせたら、ゴムの結び目の部分に上から飾り付きゴムでしあげるよ。

### できあがり

長い髪の毛をきれいにまとめてモテ度をアップさせちゃおう！

Part 2 スクールヘアアレンジ

# スクールヘアアレンジ

ゆるかわ系 — 実はちゃっかり計算してます！

## 後れ毛いっぱいポニーテール

ショート / ミディアム / ロング
Level ★★☆

### ① 耳上の髪をまとめる
耳の上の髪をつかんでまとめ、ダッカールでとめておく。

**使用アイテム**
- ブラシ
- ヘアゴム
- ダッカール

### ② 下の髪の毛をひとつに結ぶ
下におろしている髪の毛をひとつにまとめ、耳の高さでひとつに結ぶ。

### ③ 指先で根元をゆるめる
結び目をつかみながら、指先を使って髪の毛の根元をほぐしていく。

**NG**
根元をほぐすときは、力いっぱい引っぱりすぎないように注意。ゆるくなるどころか、ボサボサになっちゃうよ。

66

### ④ 上の髪をまとめる

とめていたダッカールを外し、2でまとめた結び目のすぐ上でひとつに束ねる。

### ⑤ 指先で根元をゆるめる

4で束ねた髪をつかみながら、もう片方の手の指先で根元をほぐしていく。

### ⑥ 全ての髪の毛をひとつにまとめる

束ねた上の髪を、下の髪と合わせてひとつにまとめて結ぶ。

よこ

**できあがり**

ちょっとの工夫で無造作に見えるひとつ結びのできあがり！

Part 2 スクールヘアアレンジ

## スクールヘアアレンジ　ゆるかわ系
## ねこ耳ヘア
### くるりんぱで耳を作れば完成！

### ① 耳上の毛束を少量とる

センターでわけた髪の毛の耳から上の部分を少量とる。ねこ耳の形を作ってちょうどいい場所を探そう。

使用アイテム

 ブラシ　 コーム

 ヘアゴム

### ② ゴムで結ぶ

場所が決まったらブラシで髪の毛をととのえて細いゴムで結ぼう。

### ③ くるりんぱをする

結んだ毛先をつかみ、結び目にすき間をあけて間に通す。

68

### ④ 結び目をととのえる

毛先を左右に引っぱって結び目を固定させるよ。

### ⑤ つまんでボリュームを出す

結び目より少し下をおさえながらトップの髪を指先でつまんで少し引っぱり出す。ねこ耳の形になるようにボリュームを出そう。

### ⑥ 反対側のねこ耳も作る

反対側も同じようにねこ耳にするよ。最後は左右対称になるようにバランスを調整してね。

よこ

### できあがり

おちゃめでかわいいねこ耳アレンジのできあがり!!

Part 2 スクールヘアアレンジ

## スクールヘアアレンジ
### 時間がない朝におすすめ！
# 5分でできる イメチェンヘア

**前髪編**
## 前髪ポンパ

ショート / ミディアム / ロング
Level ★★☆

**使用アイテム**
ブラシ　ヘアゴム

### ① 前髪を頭のてっぺんで結ぶ
前髪をブラッシングし、上にあげたい髪をつかんで頭の一番上でゆるめに結ぶ。

### ② 結んだ髪をくるりんぱする
結んだ毛先をきき手と反対の手でつかみ、結び目にすき間をあけて間に通す。毛先を左右に引っぱって結び目を固定させるよ。

### できあがり
トップにボリュームを出せば今風前髪ポンパのできあがり。

## ツイストティアラ

ショート / ミディアム / ロング
Level ★☆☆

### 使用アイテム

ブラシ / アメピン / ダッカール

### ① 前髪をねじる

前髪を中央で半分にわけ、片方をダッカールでとめておく。もう一方を2つにわけて、それぞれ毛束を外側にねじっていく。

### ② アメピンでとめる

こめかみまでねじったら、毛束をまとめてアメピンでとめて固定する。

### ③ 反対側も同じようにする

反対側も同じように外側にねじり、アメピンでとめる。

### できあがり

お姫さまみたいなティアラ風アレンジのできあがり！

Part 2 スクールヘアアレンジ

# 両サイドねじり

ショート
ミディアム
ロング
Level ★☆☆

ブラシ
アメピン

### ① 前髪を半分にわける

前髪を半分にわけるよ。片方の前髪はアメピンでとめておこう。もう片方の前髪は、内側にねじりながらサイドにもっていくよ。

### ② アメピンでとめる

ねじった前髪をアメピンでとめるよ。このときアメピンがバッテンになるようにとめるとかわいいよ。

### ③ 反対側もねじってとめる

反対側の前髪も1〜2と同様にねじりながらサイドにもっていき、アメピンでとめよう。アメピンは左右対称の位置にするよ。

### できあがり

おでこを出して元気っ子アレンジに！ねじってとめるだけのかんたんアレンジだよ。

# バレッタ風ねじり

使用アイテム

- ブラシ
- コーム
- アメピン

**Part 2** スクールヘアアレンジ

### ① 髪を8：2にわけてねじる

髪を8：2にわけ、8のほうの髪をこめかみくらいまですくう。斜め後ろにむかってねじるよ。ふんわりさせながらねじるのがポイント。

### ② アメピンをさす

好きな色のアメピンでざくざくととめるよ。ランダムにアメピンをさしちゃってOKだよ！

### できあがり

かんたんなのにオシャレにみえるヘアアレンジが完成！カラフルなアメピンだとキュートに、メタリックなアメピンだとおとなっぽくみえるよ。

## アメピンアレンジ

### とめかたいろいろ！

アメピンでいろいろな形を作ってみよう！三角形を作ったり、☆マークを作ったりできるよ。ヘアアレンジのワンポイントに！

## イベントヘアアレンジ ゆるかわ系

かんたんに友達と差を付けられる！

# ショッピングヘア
## スタイル別みつあみアレンジ

ショート / ミディアム / ロング

Level ★★☆

### ショート

**① ダッカールで両サイドの髪をとめる**

みつあみする前髪を残して、両サイドの髪をダッカールでとめておこう。

### 使用アイテム

ブラシ / ヘアゴム / ダッカール / アメピン

**② 前髪をあみこんでいく**

前髪からみつあみし、ダッカールをはずして少しずつ横髪を取りこみながら毛先まであみこんでヘアゴムで結ぶよ。

### ロング

**① 横髪をみつあみする**

耳より前の横髪を両サイドみつあみする。細めのヘアゴムで毛先を結ぶよ。

### できあがり

これならショートヘアでもみつあみを楽しめるね！

> ミディアム

### ① 横髪をみつあみする

耳より前の横髪をみつあみする。細めのヘアゴムで毛先を結ぶよ。

### ② 両サイドのみつあみを後ろでひとつに束ねる

もう片方も同じようにみつあみし、両サイドのみつあみを頭の後ろにもっていき、ひとつに結ぶよ。

### できあがり

結び目に、飾り付きゴムやリボンを付けてもかわいくしあがるよ♪

Part 3 イベントヘアアレンジ

### ② みつあみを頭の上にかける

右側のみつあみをカチューシャのように頭の上にかけ、左の耳の上でアメピンでとめる。

### できあがり

左側も同じようにアメピンでとめればできあがり！

元気系 目立ちたい人＆個性派さんにオススメ！

# テーマパークヘア

ショート / ミディアム / ロング

Level ★★☆

### ① 高い位置でふたつ結びする

ふたつ結びをする。できるだけ高い位置で結ぼう。

#### 使用アイテム

ブラシ　コーム

ヘアゴム

飾り付きゴム

### ② 上から飾り付きゴムを付ける

リボンなどの飾りが付いたゴムをふたつ結びした上から結ぶよ。

### ③ 間隔をあけて飾り付きゴムを結ぶ

飾り付きゴムを、結び目から間隔をあけていくつか結ぶ。髪の毛の長さによって個数は変わるよ。

### ポイント
1番目と2番目のゴムの間はほかより広めにするといいよ。

**Part 3** イベントヘアアレンジ

#### ④ 左右同じになるように結ぶ
片方が結び終わったら、もう片方も同じように飾り付きゴムを結んでいくよ。

#### ⑤ 髪の毛をつまんでボリュームを出す
結び目と結び目の間の毛束を両手の指でつまんで引っぱりながら、髪の毛にボリュームを出す。

### できあがり
飾り付きゴムは、リボンのほかにボンボンもオススメ。いろんな色を合わせて目立っちゃおう！

## イベントヘアアレンジ

**ゆるかわ系** 一番オシャレだと思われたい！

# おうちでまったり女子会ヘア

ショート / ミディアム / ロング
Level ★★☆

### ① 横髪を取りわける

顔周りの髪を残して、少量の横髪を両手で取りわける。

**使用アイテム**
ブラシ
ヘアゴム

### ② 毛束をねじる

毛束を半分にわけ、外側に向かってねじって毛先をゴムで結んで仮どめしておくよ。

**ポイント**
左右の毛束を後ろでまとめるとき、仮どめしていたゴムははずしてOKだよ。

### ③ うしろでひとつにまとめる

反対側も１〜２と同じように毛束をねじったら、左右の毛束を後ろでひとつにまとめてゴムで結ぶ。

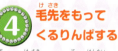

### ④ 毛先をもってくるりんぱする

結んだ毛先をきき手と反対の手でつかみ、結び目にすき間をあけて間に通す。毛先を左右に引っぱって結び目を固定させる。

### ⑤ 髪の毛をひとつにまとめる

すべての髪の毛をひとつにまとめてゴムで結ぶよ。低めの位置で結ぶとお姉さんらしく見えるよ。

### ⑥ 等間隔でゴムを結ぶ

毛束を同じ間隔で3か所以上結ぶ。結び目を押さえながら少しずつ髪をつまみ出しでボリュームを出すよ。

### できあがり

カラフルなゴムで結ぶと、元気な印象にもできるよ！

Part 3 イベントヘアアレンジ

**イベントヘアアレンジ**

元気系　ドライヤーで作るゆるパーマ

# お泊まり会ヘア

ショート / ミディアム / ロング
Level ★★☆

### ① 髪を4つにわけてねじっていく

お風呂あがりの髪全体を半乾きまで乾かし、半分にわけた髪をさらに半分にわけ、それぞれねじっていく。

**使用アイテム**

ブラシ

ヘアゴム

ドライヤー

### ② ねじった髪をさらにねじり合わせる

ねじったふたつの髪の束をさらにねじり合わせ、ギリギリまでねじったら毛先をゴムで結ぶ。

### ③ ドライヤーで乾かす

反対側も同じようにねじってゴムで結び、完全に乾くまでねじった部分を中心にドライヤーをあてるよ。

### ④ 乾いたらゴムをほどく

完全に乾ききったら、結んでいたゴムを取って、ゆるく流すよ。

### ⑤ ポニーテールをする

高い位置でポニーテールをし、結び目の根元を指でつまんでほぐしてゆるさを出すよ。

Part 3 イベントヘアアレンジ

### ⑥ バンダナを付ける

しあげにバンダナを付けるよ。後れ毛を隠してしまわないようにしてね。

### できあがり

おうち風、ゆるパーマのポニーテールのできあがり。

## イベントヘアアレンジ

**清楚系** メガネが似合うみつあみスタイル

# お勉強ヘア

ショート / ミディアム / ロング
Level ★★☆

### ① 髪をふたつにわけゴムで結ぶ

髪全体をブラッシングし、P.20の1〜3と同じように耳の下にゴムを結ぶ。

 使用アイテム

 ブラシ
 コーム
 ヘアゴム
 リボン

### ② もう片方も同じように結ぶ

もう片方も同じ位置になるようにゴムを結ぶ。結び目は固定せずにゆるめにしておくことが大事。

### ③ 片方からみつあみをする

ふたつ結びの毛束をみつあみする。きつくならないように注意して。

### ④ 2回あんだらゴムで結ぶ

毛先までみつあみせず、2回だけみつあみをしてゴムで結ぶよ。

### ⑤ もう片方も同じ位置で結ぶ

もう片方も同じようにみつあみをし、同じ位置になるようにゴムを結ぶ。

### ⑥ リボンを結んで飾りを付ける

リボンを用意し、下に結んだ結び目の上からリボン結びをして飾りを付けるよ。

### できあがり

メガネをかければ、優等生ヘアスタイルのできあがり♪

よこ

Part 3 イベントヘアアレンジ

## イベントヘアアレンジ

**清楚系** ウォーターフォールでできる子スタイル

# 新学期ヘア

ショート / ミディアム / ロング
Level ★★★

### 1 横髪をみつあみする

横髪をつかみ、3等分して1回だけみつあみをする。

**使用アイテム**
ブラシ / アメピン / ヘアゴム

### 2 後ろの髪をはさみながらあむ

後ろの髪をはさんで1回あみ、また新しい髪をはさんで1回あみながら後ろにあみ進めていくよ。

### 3 後頭部まであみ進める

同じ量の束をはさんで、くりかえしあんでいく。

## イベントヘアアレンジ

**清楚系** お花おだんごで華やかスタイル♪

# 卒業式ヘア

ショート / ミディアム / ロング
Level ★★★

### ① 横髪を取りわける

耳より前の横髪を両手でつかんでほかの髪とわけるよ。

**使用アイテム**

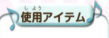
ブラシ　アメピン

ヘアゴム

### ② つかんだ横髪できつめのみつあみをする

1でつかんだ髪で、まゆ毛の少し上の高さからきつめにみつあみをしていくよ。

**ポイント**

横髪を取りわけるときは顔周りの後れ毛を残しておこうね。

### ③ 毛先をゴムで結ぶ

毛先まで同じ力加減であみ進めたら、毛先をしっかりゴムで結ぼう。

86

### ④ みつあみを ぐるぐる巻きにする

みつあみした毛束を、付け根から外側に向かってうず巻き状に巻いていくよ。

### ⑤ 毛先をアメピンでとめる

ぐるぐる巻きにした毛先をアメピンでとめて固定するよ。巻いた髪に隠れるようにしてとめようね。

### ⑥ もう片方も同じようにとめる

もう片方も同じように横髪でみつあみをし、うず巻き状に巻き、アメピンでとめるよ。

**よこ**

**できあがり**

飾りを付けなくても華やかスタイルが完成♪

Part 3 イベントヘアアレンジ

## 元気系 動きやすくてかわいいヘアスタイル

# イベントヘアアレンジ ☆ 運動会ヘア

ショート / ミディアム / ロング
Level ★★☆

### 使用アイテム

ブラシ　コーム

ヘアゴム

バレッタ
ダッカール

### ① 髪の毛を上下にわける

耳をさかいにして、髪の毛をざっくりと上下にわけるよ。上半分の毛束はひとつにまとめてダッカールでとめておこう。

### ② 下半分の毛束をゴムで結ぶ

下半分の毛束を左サイドによせてひとつにまとめてゴムで結ぶ。

### ③ 残りの毛束もゴムで結ぶ

上半分の毛束も左サイドによせて、さっきと同じようにひとつにまとめてゴムで結ぶ。ゴムの位置が下と同じになるようにしてね。

**NG**
結び目は低くなりすぎないように注意しよう。かわいくなくなるよ。

## ④ 逆毛を立てる

上の毛束に逆毛を立てる。毛束を少量とり、手で上に引っぱりながら、もう片方の手で根元に向かってしごいていくよ。

## ⑤ リボンバレッタを付ける

下の毛束も④と同じように逆毛を立てたら、好きなリボンのバレッタをゴムがかくれるようにして付けよう。

Part 3 イベントヘアアレンジ

## ⑥ はちまきを巻く

しあげにはちまきを巻いてできあがり。

### できあがり

元気いっぱいなサイドアップで運動会をもりあげちゃお！

おっきなつのヘアで誰よりも目立っちゃお！

## 学園祭ヘア

元気系

イベントヘアアレンジ

ショート
ミディアム
ロング
Level ★★★

### ① コームでわけ目をギザギザにする

コームで髪を半分にわける。左右にギザギザを描きながらうなじまで通すと、ギザギザのわけ目ができるよ。

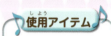

**使用アイテム**

ブラシ　コーム

ヘアゴム

アメピン

### ② つのにしたい髪をつかんで結ぶ

つのにしたい髪の毛をつかむ。こめかみより上の髪が一番つのを作りやすい位置だよ。

### ③ 左右対称に反対側も結ぶ

反対側も同じように結んでいく。左右の場所がきれいに対称になるように気を付けてね。

90

### ④ ねじりながら巻き付けていく

結んだ毛束をもち、毛束を外側にねじりながら、結び目を中心にしてぐるぐる巻き付けていくよ。

### ⑤ 形をととのえる

何周も巻き付けているうちにつの部分が変な形にならないようにバランスをととのえながら巻き付けていこうね。

### ⑥ アメピンでとめて固定する

毛先まで巻き付けたら、アメピンでとめてしっかり固定する。反対側も同じようにしてつのを作るよ。

### できあがり

髪の長さに関係なくできるから友達とおそろいにして楽しめちゃう！

Part 3 イベントヘアアレンジ

元気系

気分のあがるこだわりねじりツイン

**イベントヘアアレンジ**

# 遠足ヘア

ショート
ミディアム
ロング
Level ★★★

### 使用アイテム

- ブラシ
- コーム
- アメピン
- ヘアゴム
- 飾り付きゴム

## ① 耳の高さでふたつ結びする

P.20の1〜5と同じように、耳の高さでふたつ結びをする。

## ② 髪の毛をねじっていく

結んだ髪を半分にわけ、内向きにねじっていく。

### ポイント
少し引っぱりながらねじっていくときれいにねじれるよ。

## ③ ゴムで結ぶ

両サイドとも毛先までねじったら、ゴムで結んで固定する。

### ④ 毛束を半分で折りかえす

ふたつ結びの毛先が付け根のところにくるように、中央で折りかえす。

### ⑤ 毛先をアメピンでとめる

位置を決めたら、毛先をアメピンでとめて固定するよ。

### ⑥ 飾り付きゴムでしあげる

5のアメピンを隠すように、結び目の上から飾り付きゴムを付ける。

### できあがり

動きやすくまとまったお出かけツインスタイル♪

うしろ

Part 3 イベントヘアアレンジ

**ゆるかわ系** くるりんぱでかわいさ倍増スタイル

# スキー合宿ヘア

ショート / ミディアム / ロング
Level ★★☆

### ① 横髪をわけておく

髪全体をブラッシングし、ニット帽をかぶってから、残しておく横髪と後ろ髪をわけるよ。

**使用アイテム**
ブラシ / ヘアゴム

**ポイント**

先に帽子をかぶっておくとバランスがとりやすいよ。

### ② 後ろ髪をサイドでまとめる

1でわけた後ろ髪をまとめ、全体をサイドでひとつにまとめてヘアゴムで結ぶよ。

### ③ くるりんぱをする

2で結んだ結び目を少し下にさげてゆるめ、くるりんぱをしよう。

## ④ 結び目を引きしめる

3でくるりんぱした毛先を半分にわけ、左右に引っぱって結び目を引きしめるよ。

## ⑤ 指先で根元をほぐす

くるりんぱした結び目をつかみ、もう片方の指先で根元をほぐしてゆるめるよ。

## ⑥ 逆毛を立てる

毛先を指先でしごいて逆毛を立て、髪を広げてボリュームを出すよ。

### できあがり

ニット帽にも、スキーウェアにもバッチリ合うよ！

Part 3 イベントヘアアレンジ

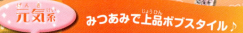

## 発表会ヘア
### (文化系)

みつあみで上品ボブスタイル♪

元気系

イベントヘアアレンジ

### 使用アイテム
- ブラシ
- アメピン
- ヘアゴム
- ダッカール
- バレッタ

### ① 髪全体を4つにわける

髪の毛全体を半分にわける。半分にわけた髪の毛をさらにふたつにわけ、ダッカールで4つの毛束を仮どめしておく。

### ② 1本ずつみつあみする

一番左の束からひとつずつみつあみをして、細めのゴムでとめていくよ。

### ③ 2本目も同じようにみつあみする

1本目と同じように、2本目もみつあみをしていくよ。1本目とあむ力加減を変えないようにしてあもうね。

### 4本のみつあみのできあがり

2、3と同じように、3本目、4本目もみつあみをしていくよ。

### ⑤ みつあみを根元に巻き付ける

きき手でみつあみをもち、根元にむかってうずを巻くように内側に丸めていくよ。

### ⑥ アメピンで毛先をとめる

毛先まで巻き終えたら、アメピンで毛先をとめて全体を固定するよ。1本目から4本目まで、同じ向きに巻いてアメピンでとめていく。

サイドにかわいいバレッタを付ければ、特別な日のアレンジスタイルに！

Part 3 イベントヘアアレンジ

# ブレード風ツイン

ショート
ミディアム
ロング
Level ★★☆

## 使用アイテム

ブラシ
ヘアゴム

Part 3 イベントヘアアレンジ

### ① 細いみつあみを作る

横髪を少し取りわけ、細いみつあみを作っていくよ。なるべくきつく、毛先ギリギリまであもう。

### ② 顔周りにみつあみをたくさん作る

顔周りにどんどん同じようなみつあみを増やしていくよ。左右で6本くらい作るといい感じ。

### ③ 高い位置でふたつ結びする

1、2で作った細いみつあみも合わせて、できるだけ高い位置でふたつ結びをするよ。

### できあがり

ダンサー気分で楽しく踊りまくれるね！

## イベントヘアアレンジ 清楚系

### 今日の主役はあなた♪
# ドキドキお誕生日会ヘア

ショート / ミディアム / ロング
Level ★★★

### 使用アイテム
- ブラシ
- アメピン
- ヘアゴム

**① 耳上の髪をひとつに結ぶ**

耳上の髪をつかんで頭の後ろ中央でひとつに結ぶ。

**② 小さなおだんごを作る**

1でひとつ結びをしながら、小さなおだんごを作って毛先を下に垂らす。

**③ 毛先をくるりんぱする**

おだんごを半分にわけて左右に倒し、その間に垂らした毛先を上から通してくるりんぱする。

**④ 結び目をピンでとめる**

くるりんぱした毛先を下向きにしっかりのばし、結び目の付け根にアメピンをとめる。

## 5 リボン部分にも ピンをとめる

リボン部分を上下に広げて形をととのえ、リボンの内側に隠れるようにアメピンをとめる。

## 6 リボンの形を ととのえる

リボン部分を左右同じようにきれいに広げるよ。

Part 3 イベントヘアアレンジ

★ できあがり

よこ

プレゼントのように、大きなリボンを作ってね♪

## イベントヘアアレンジ

**元気系** はねあげみつあみで小悪魔風

# ハロウィンヘア

ショート / ミディアム / ロング
**Level ★★★**

### ① みつあみをする
髪全体をブラッシングし、髪を半分にわける。片方をみつあみしていく。

### 使用アイテム

ブラシ / Uピン / ヘアゴム

### ポイント
ひとあみひとあみ、しっかりきつめにあんでいこう。

### ② もう片方もみつあみする
反対側の髪も同じようにみつあみをする。

### ③ Uピンをのばす
Uピンの先をつかみ、両手でまっすぐにのばしていく。

### ④ みつあみにUピンをさす

3でのばしたUピンをもち、みつあみのあみ目の付け根からまっすぐさしていく。毛先まで通ったらOK。

Part 3 イベントヘアアレンジ

### ⑤ みつあみをU字型に曲げる

Uピンを通したみつあみをU字型になるようにしっかり曲げていく。

### ⑥ 反対側も曲げる

反対側も同じようにUピンを通し、U字型に曲げていく。両方が同じ角度に曲がるように調節してね。

 できあがり

今年のハロウィンはちびっこデビルで決まりだね！

元気系　サンタ帽やトナカイコスプレに合わせよう

# クリスマス会ヘア

ショート / ミディアム / ロング
Level ★★☆

## 使用アイテム
ブラシ　コーム　ヘアゴム

### ショート

**① 耳上の髪をてっぺんで結ぶ**

耳より上の髪を両手でつかみ、頭のてっぺんまでもちあげてひとつ結びをするよ。

**② 結んだ毛束に逆毛を立てる**

結んだ毛束をもち、もう片方の手か、コームで逆毛を立ててボリュームを出すよ。

### ロング

**① 高い位置でふたつ結びする**

耳の上の位置でふたつ結びするよ。

### できあがり

飾り付きゴムを付けるとかわいさ2倍増し！

> ミディアム

### ① 前の日の夜にみつあみをして寝る

お風呂に入って髪の毛をよく乾かしたら、髪の毛全体を6つにわけるよ。それぞれきつめのみつあみであんで、そのまま寝る。

### ② 朝、みつあみをほどいてく

次の日の朝、ゴムを1つずつはずしてみつあみを手でほぐしていくよ。

**できあがり**

ボリューミーなパーマヘアの完成！

### ② 結んだ毛束に細いみつあみを作る

毛束の手前の髪を少し取り、細くみつあみしていく。左右それぞれ2つくらいみつあみを作るといいよ。

**できあがり**

思いっきり高い位置で結んでね！

Part 3 イベントヘアアレンジ

## イベントヘアアレンジ ゆるかわ系
### ギブソンタックで上品スタイル
# おめかし結婚式ヘア

ショート / ミディアム / ロング
Level ★★★

### 使用アイテム
- ブラシ
- アメピン
- ヘアゴム
- Uピン

### ① 横髪をねじっていく
横髪をつかんで、内向きにねじっていくよ。毛先までねじったら、後ろにもっていってアメピンで仮どめしよう。

### ② 両サイドを結んでくるりんぱする
反対の横髪も同じようにねじって後ろにもっていく。左右の毛束を中央で細めのゴムで結び、くるりんぱをするよ。

### ③ おろしている髪をねじりあげる
耳下にある髪の毛をつかみ、ねじりながら上にあげていく。

106

 **ねじった髪を 2の間にはさむ**

**ポイント**

サイドの髪のみをはさんで後ろの髪は残しておいてOKだよ。

3でねじった髪を、2で結んだ髪の上にはさみ入れ、下に引き抜く。反対側の耳下の髪も同じようにする。

## Part 3

イベントヘアアレンジ

 **中心の髪も 上に巻き付ける**

4で下に引き抜いた髪と、中心に余った髪をまとめて、結んだ髪に巻き付ける。

 **Uピンでとめて 固定する**

巻き終わったら、巻いた部分をUピンで、毛先をアメピンでとめて落ちてこないように固定する。

**できあがり**

おめかしして、ちょっぴりおとな気分を味わっちゃおう♪

 うしろ

## イベントヘアアレンジ

**ゆるかわ系**

ゆかたを着ていつもと違う自分に!

# 夏まつりヘア

ショート / ミディアム / ロング
**Level** ★★☆

### ショート

**① 横髪をみつあみする**

片サイドの横髪をてっぺんからみつあみして、耳の横でアメピンでとめる。

使用アイテム

 ブラシ
 アメピン
 ヘアゴム

**② 反対側もみつあみする**

もう片サイドの髪も同じようにみつあみをしてアメピンでとめるよ。

**できあがり**

耳元に花飾りを付ければできあがり!

## ミディアム・ロング

### ① 全体をサイドでみつあみする

全体の髪をサイドにまとめ、みつあみして毛先をゴムで結ぶよ。

### ② みつあみを巻き付けていく

みつあみした毛束の毛先から上に向かってぐるぐる巻き付けていくよ。

### ③ アメピンでとめる

根元まで巻き付けたら、毛先をアメピンでとめて固定させるよ。

### できあがり

シンプルなまとめ髪もちょっとおしゃれに大変身！

Part 3 イベントヘアアレンジ

## イベントヘアアレンジ

**清楚系** みつあみを丸めてお花飾りに

# 初詣ヘア

ショート / ミディアム / ロング
Level ★★★

### ① 片方の横髪をダッカールでとめる

片サイドの横髪をわけて、ダッカールでとめておさえておくよ。

## 使用アイテム

ブラシ / ダッカール / ヘアゴム / アメピン

### ② 横髪をみつあみする

1でダッカールでとめておいた横髪をみつあみし、ヘアゴムでとめて指先であみ目をほぐしていくよ。

### ③ ひとつ結びをする

その他の髪をひとつにまとめ、後ろでひとつ結びするよ。

### ④ おだんごを作る

ひとつ結びした毛先を根元に向かって巻き付けて、毛先をアメピンでとめるよ。

### ⑤ みつあみを巻き付ける

②でみつあみした毛束を耳上で外側から内側にかけて巻き付けていく。

### ⑥ 毛先をアメピンでとめる

毛先まで巻き付けたら、毛先が中心にくるようにして、アメピンでとめるよ。

### できあがり

華やかなみつあみが、飾りの代わりになってくれるね！

Part 3 イベントヘアアレンジ

## 元気系
### 小物ヘアアレンジ
冬のオシャレには欠かせないアイテム

# ニット帽

- シュート
- ミディアム
- ロング
- **Level** ★★☆

### 使用アイテム
- ブラシ
- アメピン
- ヘアゴム

### ① 8:2でわけ目をつくる
髪全体を8:2にわける。前髪もいっしょにわけるよ。

### ① サイドでみつあみをする
帽子をかぶった後に、横髪を少し残して髪全体をサイドに寄せ、みつあみにする。

### できあがり
横わけ風スタイルが完成。いつもよりお姉さんに。

## ① 耳の下で ふたつ結びする

帽子をかぶった後に、髪全体をふたつにわけ、飾り付きゴムでふたつ結びをする。

### できあがり

ちょっぴりやんちゃな女の子に。カジュアルな格好にも◎。

Part 4 小物ヘアアレンジ

### できあがり

みつあみはゆるめの方がかわいさアップ！

## ① 帽子の下で おだんごを作る

帽子をかぶった後に、髪全体を帽子の下でひとつに結んで低い位置でおだんごを作る。

### できあがり

おとなっぽいオシャレガールのできあがり♪

## 元気系 — ボーイッシュでもかわいく！
# キャップ

ショート / ミディアム / ロング
Level ★☆☆

### ① ひとつ結びしてくるりんぱする

耳より低い位置で髪全体をひとつ結びして、結び目をゆるめてくるりんぱする。

**使用アイテム**

ブラシ

ヘアゴム

### ② もう1回くるりんぱをする

結び目の下にもう1回ひとつ結びをし、2回目のくるりんぱをして引きしめる。

**できあがり**

うしろ

ボーイッシュなキャップ姿も、ゆるかわなしあがりに。

## 小物ヘアアレンジ

**ゆるかわ系** みつあみをみつあみしちゃおう！

# ベレエ帽

ショート / ミディアム / ロング
**Level ★★☆**

Part 4 小物ヘアアレンジ

### ① 3等分した髪をみつあみする

髪全体を半分にわけ、片方を3等分して真ん中の毛束をきつくみつあみしてゴムで結ぶ。

### 使用アイテム

- ブラシ
- ヘアゴム

### ② みつあみする

みつあみした毛束と、両サイドの毛束をみつあみする。

### できあがり

反対側も同じようにみつあみして、ベレエ帽をかぶれば完成。

**うしろ**

## ヘアバンド

### バンダナみつあみ

**① サイド結びをする**

サイド結びをする。上からかぶせるようにバンダナの中央を結び目に重ねる。

**② バンダナと合わせてみつあみする**

毛束を3つにわけ、外側2つの毛束にバンダナも重ねて毛先までみつあみしていく。

最後まであんだらゴムで結び、結び目の上からバンダナの残りを使ってリボン結びをする。

# カチューシャ風アレンジ

ショート / ミディアム / ロング
Level ★☆☆

## 使用アイテム

ブラシ

### ① バンダナを首にセットする
バンダナの中央が首にかかるようにセットする。

### ② 頭の上でリボン結びをする
セットしたバンダナを頭の上にもっていき、中央でリボン結びをする。

### できあがり
リボンを結ぶ位置を端に移動させても女の子らしくしあげることができるよ。

Part 4 小物ヘアアレンジ

117

# 元気系 カチューシャ

小物ヘアアレンジ

意外な付け方、教えちゃう！

ショート / ミディアム / ロング
Level ★☆☆

## バックカチューシャ

### 使用アイテム
- ブラシ
- Uピン
- アメピン
- ヘアゴム

**1 おだんごを作る**
P.32と同じようにおだんごを作ってきれいにととのえるよ。

**2 カチューシャを付ける**
おだんごの下から、上に向かってカチューシャのピンをさすようにして付けるよ。

### できあがり
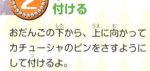
後ろ姿もかわいいおだんごアレンジのできあがり！

118

# ボブ風アレンジ

ショート / ミディアム / ロング
Level ★★☆

使用アイテム
ブラシ / コーム / ヘアゴム

### 1 髪全体を半分にわける
コームを使って髪全体を半分にわけておく。

### 2 みつあみをする
両方の毛束をそれぞれゆるくみつあみしていく。毛先まであんだら細いゴムで結ぶ。

### 3 みつあみを内側に入れる
みつあみの毛先をもち、内側に巻きながら丸めこみ、えりあしの髪といっしょにアメピンでとめて固定する。

**できあがり**

カチューシャを付ければできあがり。これでいつでもボブに変身できるね。

Part 4 小物ヘアアレンジ

長い髪の毛を一気にまとめる

# ヘアクリップ

## バックまとめ

### ① 髪全体を後ろに束ねる

髪全体を両手で後ろ中央できれいにまとめて1回ねじる。

### ② ヘアクリップをとめる

反対の手でヘアクリップをもち、ねじった髪の付け根の上からはさんでとめる。

### できあがり

ゴムで結ぶよりもゆるくて、跡もつかないからオススメだよ。

# サイドまとめ

ショート / ミディアム / ロング
Level ★☆☆

使用アイテム
ブラシ

**① 髪全体をサイドにまとめる**
髪全体を両手でサイドにまとめよう。

**② 髪をねじる**
束ねた髪をきき手でもち、手前に向かって2回ほどねじる。

**③ ヘアクリップをとめる**
ねじった髪を反対の手にもちかえ、きき手でヘアクリップをもってねじった髪の付け根にとめる。

**できあがり**
後れ毛を作るとゆるさが増してさらにかわいくなるよ！

Part 4 小物ヘアアレンジ

121

かんたんにまとめ髪が作れる

# シュシュ

## ハーフアップ

### ① ハーフアップにする

耳上の髪をつかんで頭のてっぺんでハーフアップにするよ。

### ② 結び目を少し横にずらす

1で結んだ結び目を少しゆるめ、左に少しずらしたところでもう一度きつく結び直す。

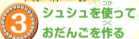

### ③ シュシュを使っておだんごを作る

2で結んだ毛束をシュシュを使っておだんごにするよ。おだんごが小さくならないように。

### できあがり

てっぺんど真ん中ではなく、少しずらしてオシャレ上級者に！

# サイドアップ

ショート / ミディアム / ロング
Level ★☆☆

### 使用アイテム
ブラシ

## ① シュシュを使って髪をサイドにまとめる

髪全体をブラッシングし、髪を耳の下にもっていき、シュシュを引っかける。

## ② 途中でおだんごを作る

シュシュで結んでいる途中でおだんごを作る。このとき、毛先は下におろしておく。

## ③ 指でつまんでおだんごをほぐす

毛先をおさえながら、おだんご を指でつまんで少しずつほぐしてゆるさを出すよ。

### できあがり

短くてもできちゃうかんたんアレンジのできあがり！

Part 4 小物ヘアアレンジ

キホンのスタイルも飾り付けで大変身

# リボン

### ちょんまげ結び

ショート
ミディアム
ロング
Level
★★☆

ブラシ　ヘアゴム

#### ① 頭のてっぺんでゴムを結ぶ

前髪を残して、横髪とトップの髪を頭のてっぺんで結ぶよ。

#### ② 結び目の上からリボンを付ける

結び目の上からリボンで、ちょう結びをする。リボンの中央が結び目にあたるようにしてね。

### できあがり

リボンの輪っかの部分が上にくるようにして結ぶようにしてね！

# サイドくるりんぱ

ショート / ミディアム / ロング

Level ★☆☆

使用アイテム
ブラシ　ヘアゴム

### ① 横髪をつかんでヘアゴムで結ぶ

耳より前の横髪をつかんで耳と同じ高さで結ぶよ。

### ② 2回くるりんぱする

1の結び目を2回連続でくるりんぱし、結び目を引きしめる。ちょうど結び目のある部分にリボンを通してちょう結びをする。

**できあがり**

連続くるりんぱにリボンでお目立ちヘアに変身！

Part 4 小物ヘアアレンジ

125

## ラブラブ デート ヘアアレンジ

清楚系 　授業が終わってかんたんアレンジ！

# いっしょに下校ヘア

### ねじりアレンジ

ショート
ミディアム
ロング
Level ★★★

#### 使用アイテム

ブラシ　アメピン

### 1 横髪をねじる

耳より前の横髪をつかみ、1回外側にねじるよ。

### 2 ねじった髪をピンでとめる

ねじった髪のねじり目をアメピンでとめて固定する。

### 3 同じようにもう1回ねじる

1でつかんだ髪の下の髪を同じ量つかみ、同じように1回ねじってアメピンでとめて固定する。

### できあがり

少しの工夫でいつもと違った雰囲気になるよ！

126

## かんたんシニョン

ショート
ミディアム
ロング
Level ★★☆

使用アイテム
ブラシ　アメピン　ヘアゴム

### ① トップの髪をわけてひとつ結びする

トップの髪をよけて、その他の髪を低い位置でひとつ結びにするよ。

### ② おだんごを作る

1でひとつにまとめた毛束の結び目を中心に毛先を巻き付けていく。

### ③ トップの髪を巻き付ける

おだんごをおさえながら、1で残しておいたトップの髪を結び目に巻き付けてアメピンでおさえる。

無造作に作ったおだんごが女の子らしいしあがりに♪

Part 5　ラブラブデートヘアアレンジ

127

## 塾の合宿ヘア

**ゆるかわ系** オシャレなおだんごで彼と急接近！？

ラブラブデートヘアアレンジ

ショート / ミディアム / ロング
Level ★★☆

### ハーフおだんご

### 使用アイテム

ブラシ　アメピン

ヘアゴム

**1** 少し髪を残して ハーフアップにする

耳下の髪を少し残し、頭のてっぺんでハーフアップにするよ。

**2** おだんごを作る

ひとつ結びしながらおだんごを作っていくよ。

**3** アメピンでとめる

おだんごを作ったところの毛先をアメピンでとめて固定するよ。

### できあがり

後れ毛をいっぱい出すと、ゆるい感じが出てかわいさアップだよ！

128

# おだんごいっぱい

ショート / ミディアム / ロング
Level ★★★

### ① 髪を8:2にわける

コームを使って髪全体を8:2にわけるよ。

### ② 3か所をヘアゴムで結ぶ

前髪と横髪を合わせて1でわけたわけ目の髪の多い方に2か所、少ない方に1か所結ぶよ。

### ③ おだんごを作る

3か所とも結び目に向かって巻き付け、おだんごを作ってアメピンでとめるよ。

勉強の邪魔になる前髪をかわいくアップさせて元気よく！

Part 5 ラブラブデートヘアアレンジ

## ラブラブデートヘアアレンジ

元気系

くるりんぱとねじりだんごでルンルン♪

# プールデートヘア

ショート
ミディアム
ロング
**Level** ★★★

### 1 ふたつ結びをする

髪全体をふたつにわけ、耳の高さでふたつ結びをするよ。

**使用アイテム**

ブラシ　コーム

ヘアゴム　アメピン

### 2 くるりんぱをする

両方の結び目をゆるめ、くるりんぱをするよ。

**ポイント**

しっかりねじっておくと、水にぬれてもくずれにくくなるよ！

### 3 毛束をねじる

くるりんぱした先の毛束をふたつにわけてねじっていき、毛先をゴムで結ぶよ。

130

### 4 毛束を丸める

ねじった毛束を外側に丸めこんでいくよ。

### 5 アメピンでとめる

毛先を、丸めこんだおだんごの中に隠すようにアメピンでとめるよ。

### 6 ねじり目をほぐす

おだんごをおさえながら、ねじり目を指先で軽くほぐしていくよ。

### できあがり

水にぬれてもかわいさキープできるヘアアレンジのできあがり！

Part 5 ラブラブデートヘアアレンジ

## ラブラブデートヘアアレンジ

あみこみツインで思い出作り♪

# プリクラデートヘア

ショート / ミディアム / ロング
Level ★★☆

使用アイテム
 ブラシ
 ヘアゴム

### ① 横髪と後ろ髪をわける

髪の毛を耳より前の横髪と後ろの髪の毛にわける。

### ② 横髪を裏あみこみする

1でわけた横髪を、P.26の1〜6を参考にして上から裏あみこみしていくよ。

### ③ あみ目をほぐしていく

耳の高さまであみこみができたら、毛束をおさえながらあみ目を指先を使ってほぐしていくよ。

# 公園デートヘア

くるりんぱみつあみで横顔もかわいく♪

- ショート
- ミディアム
- ロング

Level ★★☆

## くるりんぱみつあみ

### 使用アイテム

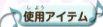
ブラシ　コーム

ヘアゴム

飾り付きピン

### 1 横髪をふたつ結びする

耳周りの横髪をつかんでふたつ結びする。

### 2 結び目をくるりんぱする

1の結び目をゆるめて両サイドともくるりんぱする。

### 3 さらにくるりんぱする

2の毛先を引っぱって結び目を固定したら、再度結んでくるりんぱをする。もう片方も同じようにくるりんぱする。

## ④ みつあみをする

残りの髪の毛を左右にふたつにわけ、くるりんぱした髪もいっしょにみつあみをする。

## ⑤ あみ目を指でほぐす

反対側も同じようにみつあみしたら、両手であみ目をほぐしてゆるふわなみつあみを作るよ。

## ⑥ 飾り付きピンをとめる

飾り付きピンを根元に付けよう。

### ポイント

付けるだけで存在感がある飾り付きピンは、派手になりすぎないように。

Part 5 ラブラブデートヘアアレンジ

## できあがり

いつもとちがうヘアで隣で歩く彼もドキドキしてくれるはず！

## 試合観戦ヘア

ゆるかわ系
ラブラブデートヘアアレンジ
好きな先輩を応援しちゃお！

ショート / ミディアム / ロング
Level ★★☆

### 使用アイテム

 ブラシ
 アメピン
 ヘアゴム

### 1 横髪をみつあみする

耳より前の両サイドの横髪をみつあみして、毛先をゴムで結ぶよ。

### 2 指先であみ目をほぐす

両手を使ってみつあみのあみ目をほぐしていくよ。平べったくなるようにね。

### 3 髪を後ろで結ぶ

残りの耳上の髪を両手でつかんで後ろで結ぶよ。

 **くるりんぱする**

結んだ結び目を1回くるりんぱするよ。

⑤ **みつあみを後頭部にかける**

片サイドのみつあみを、くるりんぱした結び目の上にかけてアメピンでとめる。

⑥ **反対側も同じようにとめる**

反対側のみつあみも同じように後ろにかけて、アメピンでとめる。

 **できあがり**

かわいいハーフアップで先輩の応援もバッチリだね!

Part 5 ラブラブデートヘアアレンジ

## ラブラブデートヘアアレンジ

**清楚系** みつあみでいつもとちがう自分に♪

# 映画デートヘア

### サイドみつあみ

**① わけ目を7:3にする**

髪全体をブラッシングし、手でわけ目を7:3になるように髪をわけるよ。

**使用アイテム**

 ブラシ
 コーム
 ヘアゴム
 飾り付きゴム

**ポイント**

みつあみの毛先を長めに残しておくとかわいいよ。

**② トップの髪をみつあみする**

移動させたトップの髪をつかみ、上からゆるくみつあみしていく。耳の高さまであんだらヘアゴムで結ぶ。

**できあがり**

飾り付きゴムを付ければ準備バッチリ！

# 両サイドみつあみ

ショート / ミディアム / ロング
Level ★★☆

**使用アイテム**
ブラシ
ヘアゴム

### ① 横髪をみつあみする
横髪をきつめにしっかりみつあみするよ。

**NG**
みつあみする横髪の量はあまり多くなりすぎないようにしてね。かわいくなくなるよ。

### ② 反対側もみつあみする
反対側も同じように、横髪をみつあみして、毛先まであんだらヘアゴムで結ぶよ。

**できあがり**

ベレエ帽をかぶったら、オシャレ文化系女子に変身♪

Part 5 ラブラブデートヘアアレンジ

## もっと！オシャレっ子アレンジ ミニクリップ盛りヘア

とめるだけで一気に華やかヘアに！

ショート / ミディアム / ロング
Level ★★☆

### 使用アイテム
ブラシ / ミニクリップ / ヘアゴム

### ① トップの髪をつかむ
髪全体をブラッシングし、トップの髪を指でつまむよ。

### ② ミニクリップをはさむ
つかんだ髪のてっぺんをミニクリップではさむよ。

### ③ 2つ目をはさむ
下の髪を少しつかんで、1の髪と合わせてミニクリップをはさむ。

### ④ どんどん下にずらしていく

3をくりかえし、ミニクリップをどんどん下にずらしながらはさんでいくよ。耳の高さまではさもう。

### ⑤ ふたつ結びをする

反対側も同じようにミニクリップをはさんだらふたつ結びをする。

Part 6 もっと！オシャレっ子アレンジ

### ⑥ 毛束にミニクリップをはさむ

毛束にも、まんべんなくミニクリップをちりばめる。

よこ

### できあがり

カラフルなミニクリップでパッと明るい印象に♪

141

憧れのモデルさんになった気分♪

オシャレっ子アレンジ

# リボン おだんごヘア

ショート
ミディアム
ロング
Level ★★★

### ① 髪をてっぺんでまとめる

下を向きながらブラシで髪をトップに集め、しっかりとひとつ結びをするよ。

使用アイテム

ブラシ　アメピン

ヘアゴム

### ② リボンの軸になる毛束を取る

結んだ毛束をぱっくりふたつにわけたら、真ん中の髪をひとつかみ取って、上にもちあげるよ。

### ③ 軸部分を前にもってくる

上にもちあげたまま前におろし、リボンの軸を作る。結び目ギリギリのところをアメピンでとめるよ。

### ④ 毛先を丸めてリボンを作る

ふたつにわかれた毛束のうちのひとつをつかみ、リボンのように丸めて結び目の近くでアメピンで固定するよ。

### ⑤ 軸を移動させる

反対側も同じように毛先を丸めてアメピンでとめたら、前におろしていた軸部分を後ろにもどすよ。

### ⑥ 毛先をととのえる

軸部分をピンでとめて固定し、余った毛先の部分をリボンの輪の中に入れてアメピンでとめる。

### できあがり

リボンのボリュームは大きければ大きいほどかわいくなるよ。

Part 6　もっと！オシャレっ子アレンジ

## オシャレっ子アレンジ もっと！ アニメの主役になれるかも！？ ヒロインヘア

### 使用アイテム

- ブラシ
- コーム
- ヘアゴム
- 飾り付きゴム

 **① 高い位置でふたつ結びをする**

髪をふたつにわけ、高い位置でふたつ結びしていくよ。

**② おだんごを作る**

1で髪を結んでいる途中で、おだんごを作るよ。

144

### ③ みつあみをする

おだんご先にのびた毛束をみつあみしていくよ。

### ④ 指先であみ目をほぐす

両方ともみつあみができたら、指先であみ目をほぐして大きくする。

### ⑤ 飾り付きゴムでしあげる

おだんご部分に、上から飾り付きゴムをしっかり結ぶよ。

**できあがり**

ロングヘアのときにしかできない髪型だね！

Part 6 もっと！オシャレっ子アレンジ

# ダブルみつあみヘア

**オシャレっ子アレンジ もっと！** みつあみをさらにみつあみするだけ！

ショート / ミディアム / ロング
Level ★★★

### 使用アイテム
- ブラシ
- コーム
- ヘアゴム
- ダッカール

## ① 髪全体を3つにわける

髪全体をブラッシングしてから3等分してダッカールでとめる。

## ② みつあみをする

3等分した髪の毛のうちの1束をみつあみにする。

## ③ みつあみを3つ作る

2と同じように、残りの2束もみつあみをする。

# きれいな髪の保ち方

## オシャレっ子アレンジ もっと！
正しいドライヤーのあて方をレクチャー！

### ① タオルで髪全体をふく
髪に残った水気を切って、バスタオルで髪全体をやさしくふくよ。

### ② 毛先の水気をとる
毛先に垂れている水気をしっかりタオルではさんでふきとろう。

### ③ ブラシでとかす
水気がとれたら、ブラシで髪全体をブラッシングするよ。

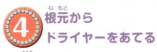

## ④ 根元から ドライヤーをあてる

頭のてっぺんからドライヤーをあてて乾かすよ。反対の手で髪を動かしてね。

### NG
ドライヤーは髪や手に近すぎると火傷するおそれがあるから注意してね。

Part 6 もっと！オシャレっ子アレンジ

## ⑤ 毛先を乾かす

根元が乾いたら、毛先を乾かすよ。ひとさし指で巻き付けながらドライヤーをあててね。

### NG
**下からドライヤーをあてると髪の毛がいたみやすいよ！**

下からドライヤーをあてて、ふわっと髪をなびかせないように！　髪の毛がいたみやすいのと、おさまりも悪くなるので注意しようね。

もっと！オシャレっ子アレンジ

お母さんにやってもらおう！

# ヘアアイロンの使い方

## ヘアアイロンを使う前に

**NG**
ヘアアイロンをあててもらっているときは、急に立ったり、顔の向きを変えたりしないようにしよう。

ヘアアイロンが肌に当たって火傷するのを防ぐため、タオルを首と肩をおおうようにかけて、ダッカールでとめておこう。大きな鏡の前に座って、お母さんにやってもらおうね。

## 内巻き

### ① 内側に巻いていく
横髪から毛束を取り、ヘアアイロンで中央をはさんで顔に向かって内側に巻く。

### ② 毛先におろしてはずす
1の後、ヘアアイロンを毛先の方にすべらせて、そのままはずしていくよ。

### できあがり

1、2をくりかえして巻いていくよ。

150

## 外巻き

### ① 外側に巻いていく

内巻きと同じように横髪から毛束を取り、根元から巻いて毛先にすべらせるよ。

## 内巻き＆外巻きで ミックス巻き

内巻きと外巻きを交互にくりかえして巻いていくよ。明るくてカジュアルなイメージに。

### できあがり

しっかりしたお姉さん風にしあがるよ。

Part 6 もっと！オシャレっ子アレンジ

## ワンカール

### ① 毛先を内巻きする

毛先だけをヘアアイロンではさみ、内側に丸めこむよ。

### できあがり

元気なボブのできあがり。ロングヘアでもできるよ。

151

# メイクレッスン

もっと！ オシャレっ子アレンジ
もっとかわいくなれる！

## Step 1
### 洗顔&化粧水

**① 顔を洗う**

ヘアバンドで髪をとめ、泡立てた洗顔用石けんでやさしく顔を洗うよ。

**② 水で流す**

水で洗顔用石けんをきれいに落としタオルでふきとってね。

**③ 化粧水をつける**

手のひらに5円玉サイズの化粧水を出し、両手で染み込ませていく。

## Step 2
### ファンデーション&チーク

**① ファンデーションをつける**

パフにファンデーションをつけ、ほっぺにポンポンとあててつける。

**② チークをつける**

専用のハケに、チークの粉を少しだけつけるよ。

**③ ほっぺに色をつける**

粉をつけたハケを、ほっぺにあてて自然につけていくよ。

## Step 3
### アイメイク

**① アイラインをひく**
目をつむり、目のきわにアイラインゆっくりひいていくよ。

**② ビューラーをもつ**
きき手の親指とひとさし指ではさむようにビューラーをもつよ。

**③ まつ毛をはさむ**
鏡を見ながら、まつ毛の根元をビューラーではさむよ。力を入れすぎないように。

**④ 位置を少しずらす**
ビューラーの位置を少しずらし、毛先に移動してはさむよ。

**⑤ マスカラを塗る**
まつ毛にマスカラを塗るよ。根元から毛先にかけてゆっくり1回塗ってね。

**⑥ 下まつ毛も塗る**
下まつ毛も同じように根元から毛先にかけてひと塗りする。

Part 6 もっと！オシャレっ子アレンジ

## Step 4
### グロスをつける

**① グロスをつける**
くちびるに、ポンポンと3回ほどリップグロスをつける。

**できあがり**
いつもよりちょっぴりおとな顔で彼をドキドキさせちゃおう！

153

# ネイルレッスン

もっと！オシャレっ子アレンジ
女の子のオシャレはつめ先から♪

## Step1
### はじめる前に

**① 手を洗う**
マニキュアを塗る前にハンドソープできれいに手を洗うよ。

**② つめを切ろう**
真ん中→左側→右側の順番でつめを切って長さをととのえるよ。

**③ つめをみがく**
つめみがきで表面をピカピカにみがくよ。

## Step2
### マニキュア

**① ベースコートを塗る**
マニキュアをはがれにくくするために、真ん中→左右の順番で塗る。

**② マニキュアを塗る**
真ん中→左右の順番でマニキュアを塗るよ。ムラのないように塗ろう。

**③ トップコートを塗る**
マニキュアが乾いたら、トップコートを全体に塗ってツヤを出すよ。

## Step3
### アレンジしよう

**① キホンのドット**
ベースの色が乾いたら、つまようじの頭に別の色を付け、つめに付ける。

**② 等間隔で付ける**
等間隔にドットを付けていく。ドットはあまり多くならないように。

**できあがり**
ポップでかわいいデザインのできあがり。

**① シールを貼る**
ベースの色が乾いたら、ピンセットでシールをつかみ、つめに貼る。

**② 等間隔で付ける**
等間隔にシールを付けていくよ。派手になりすぎないようにね。

**できあがり**
色の組み合わせで雰囲気も変わるよ！

## Step4
### 除光液で落とす

**できあがり**
つめがかわいいだけで、気分があがるね！

マニキュアを落とすときは、除光液をコットンに付けて、ふきとるよ。

Part 6 もっと！オシャレっ子アレンジ

# 髪の毛の悩み事を解決！ Q&A
キューアンドエー

## Q1 フケが出てしまいます。どうすれば治る？
### A.シャンプーを変えてみよう

フケが出てしまうのは、別に不潔という訳ではないよ。頭皮が乾燥してしまったり、頭皮の脂分が多いことが原因でフケが発生してしまうよ。まずは、自分の頭皮にあったシャンプーを選ぶようにしよう。シャンプーの洗い残しもよくないので洗ったあとはしっかりシャワーですすいでね。

## Q2 パーマをあてたいけど髪の毛はいたむの？
### A.ヘアアイロンを使おう

あまり小さい頃から髪の毛を染めたりパーマなどをあてるなど、薬を使ってヘアスタイルを変えると、大きくなってから髪のうるおいがなくなってしまうよ。パーマをあてたい人や、ストレート矯正をあてたい人は、まずはヘアアイロンを使ってヘアアレンジしてみて（危ないのでお母さんにやってもらってね）。

## Q3 雨の日や湿気が多い日に髪が広がってしまう。
### A.前髪をあげよう

雨が降っていなくても、湿気が多い曇りの日など、髪の毛が広がったりうねったりしてしまう人は多いよ。そんなときにおろしたままのヘアスタイルだと、髪の毛が気になって気分もあがらない……。前髪は上にあげてしまって、後ろの髪は全部おだんごでまとめてしまうのが一番！　ワックスを付けておくと効果的だよ。

## Q4 髪の毛の量が多くて広がってしまう。
### A.ヘアアレンジで解決

まずは美容院に行って相談し、髪の毛の量を減らしてもらおう。量を少なくするヘアスタイルなど、ボリュームをおさえてかわいいヘアスタイルに変えてもらうことで解決できるよ。すぐに美容院に行けない人は、顔周りをあみこみしてまとめるなどしてボリュームをおさえられるヘアアレンジを覚えようね。

**Q5** 寝ぞうが悪くて、朝起きたらいつも寝ぐせがすごい。
**A.きちんと髪を乾かそう**

寝ぐせが付いたまま学校にいくのは恥ずかしいけど、朝はとくに時間がないから大変。たくさん寝ぐせが付くときは、夜きちんと髪を乾かせていない場合があるよ。それでも寝ぐせが付いたときには、専用のヘアスプレーを髪にあてて、ブラシでとかしてまっすぐに直してね。それからもう一度ドライヤーをあてると元にもどるよ。

**Q6** 髪の毛をのばしたいのになかなか長くならない。
**A.清潔を心がけよう**

「髪を切りすぎてしまった」、「ロングヘアにあこがれているのになかなか髪がのびない」。そんなときは、シャンプーするときに毛穴の皮脂や頭皮の汚れをしっかり取り、清潔な髪を保つことを心がけよう。髪の毛がのびやすくなるよ。毛先がもしいたんでいたら、いたんでいる部分は残しておかずに切ってしまおう。あとは、早寝早起きなど健康的な生活をすることが大事だよ。

**Q7** 美容院に行きたいけどとっても緊張する。
**A.誰かといっしょに行こう**

美容院に行くことは女の子の誰もがあこがれること。最初は緊張するからお母さんか、友達に紹介してもらっていっしょに行ってみようね。いきなり大きなイメチェンをするのも勇気がいると思うから、最初は前髪を切るなど軽めのヘアカットにしておくといいよ。慣れたら大きくイメチェンしてみんなを驚かせてみて。

**Q8** 髪をつい抜いてしまうくせが…。
**A.おだんごにしよう**

女の子で喋りながら髪をさわるのがくせの子は多いけど、髪を思わず抜いてしまう女の子も多いよ。くせになると、抜いたときの気もち良さがやめられなくなってついつい続けてしまうけど、大きくなってから薄毛に悩んでしまうこともあるかもしれないし、見た目も良くないからおだんごにしてしまおう。

# アレンジ別 INDEX

## ● ひとつ結び

| | |
|---|---|
| ひとつ結び | P.16 |
| サイド結び | P.18 |
| ポニーテール | P.28 |
| くるりんぱ | P.52 |
| サイドあみこみヘア | P.64 |
| 後れ毛いっぱいポニーテール | P.66 |
| 女子会ヘア | P.78 |
| お泊まり会ヘア | P.80 |
| 運動会ヘア | P.88 |
| スキー合宿ヘア | P.94 |
| 発表会ヘア（スポーツ系） | P.98 |

## ● ふたつ結び

| | |
|---|---|
| ふたつ結び | P.20 |
| ツインだんご | P.46 |
| みつあみツイン | P.48 |
| 耳下ゆるツイン | P.56 |
| フィッシュボーンツイン | P.58 |
| テーマパークヘア | P.76 |
| お勉強ヘア | P.82 |
| 学園祭ヘア | P.90 |
| 遠足ヘア | P.92 |
| 発表会ヘア（スポーツ系） | P.98 |
| ハロウィンヘア | P.102 |
| クリスマス会ヘア | P.104 |
| プールデートヘア | P.130 |
| プリクラデートヘア | P.132 |
| 公園デートヘア | P.134 |
| ミニクリップ盛りヘア | P.140 |
| ヒロインヘア | P.144 |

## ● みつあみ

| | |
|---|---|
| みつあみ | P.22 |
| 表あみこみ | P.24 |
| 裏あみこみ | P.26 |
| みつあみツイン | P.48 |
| あみこみスタイル | P.60 |
| サイドあみこみヘア | P.64 |
| ショッピングヘア | P.74 |
| お勉強ヘア | P.82 |
| 卒業式ヘア | P.86 |
| 発表会ヘア（文化系） | P.96 |
| 発表会ヘア（スポーツ系） | P.98 |
| ハロウィンヘア | P.102 |
| クリスマス会ヘア | P.104 |
| 夏まつりヘア | P.108 |
| 初詣ヘア | P.110 |
| プリクラデートヘア | P.132 |
| 試合観戦ヘア | P.136 |
| 映画デートヘア | P.138 |
| ヒロインヘア | P.144 |
| ダブルみつあみヘア | P.146 |

## ● まとめ髪

| | |
|---|---|
| おだんご | P.32 |
| ツインだんご | P.46 |
| ねじりまとめヘア | P.54 |
| 発表会ヘア（文化系） | P.96 |
| 結婚式ヘア | P.106 |
| 夏まつりヘア | P.108 |
| 初詣ヘア | P.110 |
| いっしょに下校ヘア | P.126 |
| プールデートヘア | P.130 |
| リボンおだんごヘア | P.142 |

## ● ハーフアップ

| | |
|---|---|
| ハーフアップ | P.30 |
| くま耳だんご | P.50 |
| 王道ハーフ | P.62 |
| ねこ耳ヘア | P.68 |
| 新学期ヘア | P.84 |
| 卒業式ヘア | P.86 |
| 学園祭ヘア | P.90 |
| お誕生日会ヘア | P.100 |
| クリスマス会ヘア | P.104 |
| 塾の合宿ヘア | P.128 |
| 試合観戦ヘア | P.136 |

### 著者
めちゃカワ!! ヘアアレンジ委員会

### 監修
Natsumi
大阪ベルェベル美容専門学校を卒業後、2012年大阪の美容院に務める。個性的なヘアスタイルやオシャレなヘアアレンジを得意とする。

### イラスト
池田春香、あいはらせと、ナカムラアヤナ、小山奈々美

### 本文デザイン
白石智子（有限会社スタイルワークス）

### 装丁
小口翔平、岩永香穂（tobufune）

### 編集
スタジオダンク

本書の内容に関するお問い合わせは、**書名、発行年月日、該当ページを明記**の上、書面、FAX、お問い合わせフォームにて、当社編集部宛にお送りください。**電話によるお問い合わせはお受けしておりません。**また、本書の範囲を超えるご質問等にもお答えできませんので、あらかじめご了承ください。

　FAX：03-3831-0902

　お問い合わせフォーム：http://www.shin-sei.co.jp/np/contact-form3.html

落丁・乱丁のあった場合は、送料当社負担でお取替えいたします。当社営業部宛にお送りください。
本書の複写、複製を希望される場合は、そのつど事前に、(社)出版者著作権管理機構（電話：03-3513-6969、FAX：03-3513-6979、e-mail：info@jcopy.or.jp）の許諾を得てください。
JCOPY ＜(社)出版者著作権管理機構　委託出版物＞

---

**めちゃカワ!!**
**はじめてのヘアアレンジ カリスマコレクション**

| | |
|---|---|
| 著　　者 | めちゃカワ!!ヘアアレンジ委員会 |
| 発 行 者 | 富　永　靖　弘 |
| 印 刷 所 | 慶昌堂印刷株式会社 |

発行所　東京都台東区　株式　**新 星 出 版 社**
　　　　台東2丁目24　会社
　　　　〒110-0016　☎03(3831)0743

Ⓒ SHINSEI Pubulishing Co.,Ltd.　　　　　Printed in Japan

## ISBN978-4-405-07224-4